이적명증

**이적명증**
김익두 목사의 이적 보고서

발행일 2025년 5월 23일

지은이 : 이적명증회
펴낸이 : 손영란
편집 : 김재현 손영란 류명균
디자인 : 박송화

펴낸곳 : 키아츠
등록번호 : 제300-2004-211호
주소 : 강원 화천군 간동면 용호길 33-13
전화 : 02-766-2019
팩스 : 070-7966-0108
홈페이지 : https://smartstore.naver.com/kiats
E-mail : kiatspress@naver.com
블로그 : blog.naver.com/kiatspress

ISBN : 979-11-6037-239-7

이 책은 1921년 조선야소교서회에서 발행한 『조선예수교회 이적명증』을 저본으로 삼되 독자의 이해를 돕기 위해 주석을 추가했습니다. 2008년 출간한 '한국기독교고전시리즈' 『이적명증』(한영합본, 원본 수록)의 개정판으로, 현대문을 새로 편집하여 출간했습니다. 본 출판물의 저작권은 키아츠에 있습니다. 무단 전재와 복제를 금합니다.

# 이적명증

김익두 목사의 이적 보고서

이적명증회 지음

# 편집자 서문

## 생애

김익두 목사는 1874년 황해도 안악군에서 태어났다. 16세에 과거시험을 치렀으나 낙방하고, 이후 사업에 실패한 후 술과 완력을 좋아하게 되었다. 하지만 1900년 나이 26세에 윌리엄 스왈른(William L. Swallen, 소안련) 선교사의 집회에서 '영생'을 주제로 한 설교에 은혜를 받고 기독교 신자가 되기로 결심했다. 1901년 1월 어머니와 아내와 함께 세례를 받았다. 그 후 고향 인근 지역인 재령과 신천 등지에서 전도사로 사역하다가, 1906년 평양신학교에 입학해 1910년에 제3회로 졸업하였다. 그는 신천교회가 속한 황해노회에서 목사 안수를 받고, 신천교회의 담임목사로 긴 세월 사역했다.

한국교회가 1907년 소위 평양 대부흥 운동을 중심으로 부흥을 경험했다면, 부흥사로서 김익두 목사의 전성기는 1920년 전후였다. 1919년 12월 경북 달성의 현풍교회 사경회를 기점으로 수많은 신유와 이적들이 일어나면서 그는 일약 기적의 대명사가 되었다. 김익두를 통해 일어난 기적들은 일제 강점기 시절 고난과 좌절에 빠져 있던 한국 민족에게 큰 위로가 되었다. 치유와 성령의 불세례를 강조한 그의 부흥회 설교는 당대 많은 사람들로부터 큰 호응을 받았다. 1921년 『조선예수교회 이적명증』이 출간된 것도 이런 맥락에서였다.

하지만 김익두 목사도 더욱 강퍅해진 일제 강점기의 시련을 피해 갈 수는 없었다. 1943년 신의주 제일교회 부흥회 후 일제는 그를 체포해 강제로 신사참배에 참여하게 했다. 그리고는 이를 제국주의의 홍보자료로 사용하는 한편, 그를 오랫동안 외진 과수원에 감금해 버렸다. 해방 후 북한 공산당 역시 유명 인사인 김익두 목사를 강제로 어용기독교단체인 조선기독교연맹의 총회장으로 삼고, 그가 공산당에 협조했다고 홍보하는데 이용했다. 이처럼 어려운 시기를 보내다가 1950년 10월 14일 그가 사랑하는 신천교회에서 새벽예배를 마치고 나오다가 유엔군에 쫓겨 퇴각하던 인민군에 의해 피살되었다.

김익두 목사는 중국, 시베리아, 일본 등지에서 700회가 넘는 부흥회를 인도했고, 이로 인해 150개 이상의 교회가 설립되었다. 그의 열정적인 부흥회를 통해 주기철, 이성봉 목사 같은 한국기독교의 지도자들이 배출되기도

했다. 이러한 사실들로부터 김익두 목사의 영향력을 능히 짐작할 수 있다. 하지만 그가 일제와 공산당의 체제 홍보에 희생양이 되었고, 이로 인해 한국기독교 역사에서 차지하는 위치에 비해 대중들의 관심을 상대적으로 덜 받았다는 점은 아쉬운 부분이다. 그가 서울의 대표적인 교회인 남대문교회(1926~27)와 승동교회(1935~38)를 담임 하면서 많은 사람들에게 영향을 끼친 점을 고려하면, 한국기독교 역사에서 김익두 목사가 차지하는 의미와 중요성을 좀더 연구할 필요가 있다.

## 주요 저작

김익두 목사는 크게 두 종류의 작품을 남겼다. 첫째는 설교 모음집 형태의 저작으로 1924년 『신앙의 로』와 1940년 최인화가 펴낸 『김익두 목사 설교집』이 있다. 둘째는 한국기독교 역사에서 그를 기적의 대명사로 자리매김하게 한 『조선예수교회 이적명증』이다. 이 책은 김익두 목사가 직접 저술한 책은 아니지만, 그의 실제 행적을 면밀히 검토해 편찬했다는 점에서 김익두 목사 연구에 있어 매우 중요한 자료다.

김익두 목사 연구와 관련한 추가 정보와 참고문헌은 키아츠가 발행한 『성령을 받으라』를 참고하기 바란다. 이 책의 초판은 2008년에 『한국기독교지도자 강단설교: 김익두』라는 제목으로 홍성사에서 한글본이, 키아츠에서 영어번역본이 동시에 출간되었다. 2024년에는 『성령을 받으라』라는 제목으로 키아츠에서 개정판을 내었다. 정성구 교수가 쓴 이 책의 머리말 "한국의 드와이트 무디 김익두 목사"에서 김익두 목사의 생애와 설교의 특징을 살펴볼 수 있다.

## 조선예수교회 이적명증

김익두 목사가 신유와 기적의 부흥사로 가장 큰 활약을 한 1920년 전후의 모습을 가장 잘 담고 있는 책이 바로 『조선예수교회 이적명증』이다. 1919년 12월부터 1921년 1월까지 김익두 목사가 부흥사로서 인도한 전국의 주요 도시 집회에서 병이 나았다고 주장하는 사람들을 조사하고 글과 사진을 함께 모은 일종의 기록보고서이다. 1년 4개월 동안 총 21회에 걸쳐 전국의 주요 지역에서 일어난 기적과 신유의 체험 이야기를 지역별로 분류해 담고 있다. 경상남북도와 전라남북도에서 서울을 포함한 경기도와 평안남도와 황해도, 함경남북도에 이르기까지 거의 모든 지역을 포함하고 있다.

　전국을 휩쓴 김익두 목사의 신유 부흥회는, 1919년 3·1 만세 운동 직후 한국 기독교계에 가장 큰 사건이었다. 본

격적인 이적의 시작은 1919년 12월 경북 달성군 현풍교회 사경회에서 일어난 신유사건이었다. 이후 1920년 6월 평양의 연합부흥집회에서는 3천 명을 수용하는 장대현교회당이 좁을 정도로 사람들이 몰려들었다. 그해 10월 서울의 승동교회에서는 일곱교회, 일명 7당회 연합집회에 1만 명이 모였다. 매 집회마다 병고침을 받고 간증하는 사람들이 많았고 그 수는 점점 늘어났다. 하지만 이러한 현상에 대해 기독교 안팎으로 긍정적인 시각만 있던 것은 아니었다. 『기독신보』 같이 호의적으로 기사를 게재하기도 했지만, 이적을 믿지 않는 목사들도 있었고, 『동아일보』나 『매일신보』 같은 일반 언론에서 김익두 목사를 비난하기도 했다.

이런 상황에서 김익두 목사가 속해 있던 황해노회는 노회 안에 '이적명증회'를 구성하고, 김익두 목사의 신유의 결과를 제대로 정리하고 세간의 비판에 대응할 준비를 했다. 이적명증회의 대표는 림권택 목사가 맡았다. 그는 1914년에 평양 장로회신학교를 졸업하고, 1920년 황해도 재령군 서부교회 담임목사로 부임했고, 1924년 조선예수교장로회 총회장에 선출되었다. 이적명증회는 1919년 12월 현풍교회에서 나은 '막대 걸인'부터 시작해 이적을 체험한 사람들을 조사하고 자료를 모으는 작업을 진행했다. 그리고 1921년 1월 마산 부흥회 때까지의 상황을 담아, 1921년 조선야소교서회에서 『조선예수교회 이적명증』을 발간했다.

『조선예수교회 이적명증』은 서언, 인도하는 말, 이 은혜가 나타나게 된 동기를 담은 제1장, 전국의 9개 도의 신유경험을 정리한 총 9개의 장, 이 은혜가 나타난 결과로 된 유익, 그리고 부록으로 구성되어 있다. 이적명증회가 조직되고 조사를 시작된 것은 이미 경상북도와 남도에서 신유체험이 등장하고 그 바람이 황해도로 불어올 때였다.

이적명증회가 이 책을 지은 이유는 '서언'과 '인도하는 말,' 그리고 제4장에 있는 '이적명증 취지서'에 분명하게 드러난다. 서언의 첫 번째 조항을 보면 "이 책은 현대 조선 민족에게 하나님께서 나타내어 주신 은혜로운 이적을 기록하여 영원히 조선 교회의 영화로운 역사를 삼고자 하여 기록함'이라고 명시하였다. 제4장에서는 이적명증회가 이적을 통해 "첫째는 조선 교회는 미신적이라 오해하는 자의 두뇌를 깨뜨리고자 하심이요, 둘째는 조선 교회는 모범적으로 신령한 신앙됨을 세계에 표창케 하심"을 드러내기 위함이라고 책의 목적을 밝혔다.

이를 위한 이적명증회의 노력은 매우 체계적이고 객관적이었다. 우선 편집위원이나 신뢰할만한 조사助事(선교사나 목사를 돕는 사람)들을 통해 개별 면담을 하여 기록을 남겼고,

직접 확인이 불가능한 경우에는 그 지역의 목사나 장로들을 통해 자료를 수집하고 확인하도록 요청하고 정보제공자의 이름을 글 말미에 남겼다. 책의 부록에도 종합적으로 기록했다. 기적을 경험한 이들의 이름과 나이뿐만 아니라 각종 상황에 대한 정보를 객관적으로 수집했고, 대상자가 직접 쓴 편지를 모았고, 근처에 사진관이 있을 경우 증거 기록으로 사진을 남기기도 했다. 면담자를 선정할 때는 갓 태어난 어린 유아 등 어린이들로부터 60세 노인에 이르는 다양한 사람들을 골고루 포함 시켰다. 병명을 서술할 때도 탈음증, 풍증, 각기병 등 구체적 병명과 증상을 자세히 언급하고, 치유되기 이전과 이후 상태를 상세히 전달했다. 오늘날의 연구 조사의 기준으로 보아도 그 과정은 결코 손색이 없을 정도였다.

또한 이즈음의 경험을 정리하고 평가하는데 한쪽 주장에 치우치지 않고 균형을 유지하려고 노력했다. 예를 들어 이 책은 『기독신보』 같은 호교적인 기사뿐만 아니라 『동아일보』와 『매일신보』의 비평적 기사를 가감 없이 담았다. 그래서 이 책을 읽는 사람들이 각 개인이 경험한 기적의 내용을 균형 있게 이해하도록 했다. 나아가 김익두 목사의 기적 사건에 대한 비난을 자세히 서술하고 이에 대한 논리적인 반론을 적극적으로 전개하기도 했다. 예를 들면, 김익두 목사의 기적에 대해 비판적인 기사를 실었던 『매일신보』의 글 전체를 게재하고, 연이어 반론 글을 제시하는 등 적극적 대처 모습을 보였다. 이런 노력은 목회자나 부흥사의 일방적인 사경회 내용과 이적 체험의 결과를 남기는 단계를 넘어 하나님의 신유와 기적을 객관적인 차원에서 증명하려 한 것으로, 한국 개신교의 역사에서 값진 시도였다.

### 신유와 이적, 의심과 비난을 넘어 어떻게 볼 것인가?

한국기독교는 개신교가 들어온 지 한 세대도 지나기 전에 1907년 평양 대부흥과 같은 큰 부흥을 경험했다. 한국 사회의 전환기이자 일제 침략이 본격화되는 당시 시대 상황에서 1907년 평양 대부흥 운동은 회개와 위로, 그리고 새로운 다짐을 보여주는 집회로 이후 한국교회 발전의 이정표가 되었다. 이후 일제의 강점과 지배가 본격화되었다. 기독교인들도 적극적으로 나섰던 거국적인 3·1만세운동에도 불구하고 우리나라의 독립은 쉽게 오지 않았다.

김익두 목사의 이적 행적이 본격적으로 시작된 것이 바로 이때였다. 김익두 목사의 부흥회와 사경회에 수많은 사람이 모여들고 많은 기적을 체험했지만, 이에 대한 교회 안팎의 비난은 적지 않았다. 특히 1920년 서울에서 1만 명 이상이 참여한 집회를 전후해서 이런 비판은 본격적으로 제기되었다. 이 책의 제6장의 '각처의 의심'과 '각처의 비방'이 이를 잘 보여준다. 곳곳에서 의심과 비방이 쏟아져 나왔다. 김익두 목사가 바알세불과 같은 귀신들의 힘을 빌려 병을 쫓아낸다고 말하는 사람, 그가 고친 병들은 최면술이나 심리적 방법, 동양의 치료법에 의해서도 고칠 수 있다고 주장하는 사람, 단번에 고치지 못하고 몇 번씩 기도하여 고치는 것은 참된 기적이 아니라고 비난하는 사람들이 있었다.

『매일신보』는 김익두 목사가 '예수의 인격과 신격을 철저히 알지' 못하고 예수의 이름을 빙자한 '일종의 사교'라고 비난했다. 나아가 당대 조선 최고의 목사였던 "길선주 목사는 신앙력이 부족해서 김익두 목사 같은 기적을 일으키지 못했겠는가"라고 반문하기도 했다. "우리는 우선 강도의 책임을 담당하고 있는 김모라는 목사가 구차하게 부녀자의 미신적 호기심을 이용하여서 전도해야만 되는 조선의 전도를 위하여 슬퍼하였으며, 또는 신성한 예수교의 목사로서 부녀자를 현혹케 하는 수단을 취함에 대하여 또한 슬퍼하는 바이라."

이적명증화는 이러한 비방 내용을 상세히 분석한 후 조목조목 반박하는 한편 이적 당사자들의 개별 경험을 더욱 철저히 조사해 맞섰다. 오늘날처럼 전문적인 신학교육이나 자료를 다루는 훈련을 받을 수 없었던 선배들의 노력과 헌신에 자부심을 느끼며 진심으로 박수를 보낸다.

그렇다면, 오늘을 살아가는 우리는 어떻게 이 문제를 발전적으로 볼 수 있을까? 앞으로의 생산적 논의를 위해, 이 책에서 주목하면서 읽을 주제를 몇 가지로 정리해 보았다.

첫째, 한국 개신교 초창기에 신선하게 다가온 김익두 목사의 기적 사건과 이에 대한 찬반 논란을 통해 이적 사건이 한국교회의 성장과 발전에서 중심 주제로 부상하게 되었다. 기독교의 이름으로 행해지는 기적과 이적 경험은 신앙인들 사이에 널리 퍼졌고, 기도원에서의 기적을 포함한 신비체험은 한국기독교의 또 다른 중요한 신앙 흐름을 형성했다. 그리고 그 논의의 시작점에 이 책이 있다. 비록 20세기 후반 현신애 권사의 경우처럼 전국을 휩쓴 기적과 치유의 사역이 한국교회를 기복신앙으로 변질시켰다는 지적을 받기도 하지만, 동시에 이것이 한국기독교 발전의 원동력이 된 것 또한 부인할 수 없는 사실이다.

둘째, 이 책은 김익두 목사의 기적이 개인적인 차원에만 머문 것이 아니라 당시 사회와 문화에도 적지 않은 영향을 미쳤음을 보여주고 있다.

김익두 목사의 집회로 인해 당시 부녀자들은 비싼 '월자月子'를 풀어 헌금하면서 앞으로는 쪽머리만 하기로 다짐했다.

'월자'란 예전에 여자들의 머리 숱이 많아 보이라고 덧넣었던 딴 머리를 말한다. 가체라고도 하는 이 비싼 머릿장식은 조선중기 이후 매우 유행하여 사회문제로까지 대두되었다. 영조 때에 사치금지령이 내려지기도 했으나 오랫동안 사라지지 않다가 조선후기에야 없어졌는데, 김익두 목사의 집회에서 귀부인들이 월자를 헌금하면서 쪽머리만 하기로 다짐한 일도 분명히 크게 기여하였을 것이다.

책 서문에 "아동과 부인들이 보기에 편의함을 위하여 순 언문으로 기록했다"고 명시하고 있듯이, 이 책은 처음부터 한글을 통한 일반인들의 교육에도 관심을 가졌다. 또한 다음 인용문에서 보듯이 신분을 초월해 집회에 참석하는 모습을 통해 신분 간의 조화의 가능성, 기독교의 평등사상을 보여주고 있다.

"더욱이 이상한 권능으로 믿어지는 것은 새벽기도회마다 수천 명이 회집하여 뜨거운 눈물을 흘리며, 또한 명문대가의 귀부인들이 비단옷을 입은 채로 쓸쓸한 가을바람 서리 찬 저녁에 거적자리 위에서 밤을 새워가며 기도하는 것은 참말 기이한 현상이더라."

이것은 김익두 목사가 내세 지향적 개인주의 신앙만을 주로 강조했다는 일부의 비판에 좋은 응답이 될 수 있다.

셋째, 김익두 목사는 하나님의 은혜에 기반해 기적이

매번 보다 효과적으로 전개되도록 간절한 마음으로 노력한 점도 잘 보여주고 있다. 처음에 한 번 실패하고 매우 주저하면서 시작했던 현풍의 막대 걸인 박수진의 치유사건 이후 김익두의 기적은 매번 진보했다. 숫자 면에서 한 명을 고치던 것에서 '통이적', 즉 한 번에 많은 사람을 모아 행하는 치유로 바뀌었고, 방법 면에서는 직접 손을 얹고 치유하는 것에서 기도를 통해 멀리서도 병이 낫는 방법으로 발전했다. 이적명증회도 이적 사건이 어떻게 '진전'했는가를 제4장에서 예를 들어 보여주고 있다.

이 책은 기적 사건을 통해 한국의 많은 교회가 크게 부흥했고, 신자들이 성경의 진리를 보다 분명하게 깨닫게 되었으며, 많은 교회가 잃어버렸던 은혜를 다시 찾아 이전의 실수를 회개하고, 교회 지도자들이 담대한 힘을 얻었다는 점을 지적하면서 책을 맺고 있다. 그리고 이러한 항목들이 20세기 한국교회 부흥과 발전의 초석이 되었음은 분명하다.

"명성이 높은 군자" 『동아일보』
"김익두 목사! '세계 3대 불가사의의 하나" 『기독신보』

김익두 목사는 수많은 기적을 일으켜 사람들의 몸과

마음을 치유한 한국 개신교 최고의 기적 목사였다. 그는 일제 강점기라는 암울한 민족적 상황에서 오직 하나님 손에만 의지해 현실을 초월한 기적을 드러내고 사회와 교회에 새로운 희망을 던져 주었다.

## 감사

동서양 고전 연구를 막론하고 고전을 현대 독자들에게 전달하는 작업은 늘 어렵다. 작업 자체에 오랜 시간이 걸리고, 확인할 사항이 많으며, 옛날 어투를 오늘날 독자들에게 전달해 주는 과정도 결코 쉽지 않기 때문이다. 당연히 이런 책 한 권 한 권이 나올 때마다 많은 분의 수고가 곁들여진다. 2008년 초판 작업에 함께 해 주신 모든 분에게 여전히 감사한다. 그리고 이번에 개정판 편집을 맡아준 손영란 대표와 마지막 편집 작업을 함께 한 류명균 팀장과 언제나 좋은 옷을 입혀 준 박송화 북디자이너에게 감사를 드린다.

어두침침한 그문서실에서 이제 막 잠이 깬 김익두 목사의 '기적 증명서'가 21세기 국내외 기독교인들과 일반인들에게 새로운 자극제가 될 것을 기대한다.

2025년 4월

김재현

**일러두기**

1. 우리는 이 책이 갖는 원래의 고전적 맛을 살리기 위해 노력했다. 옛날 어투와 용어를 가급적 그대로 살렸으며, 긴 구문을 일부러 짧게 만들지 않았다.
2. 본문에 나오는 성경 구절은 지금 우리가 사용하는 개역개정판과 조금씩 다르지만, 이 책에 사용된 대로 남겨 두었다.
3. 한자의 경우 지역명과 사람 이름은 가독성을 위해 한글만 표기했으며, 반복되는 한자는 줄였다. 그리고 이해를 돕기 위해 한자를 추가하거나 ( ) 안에 보충 설명을 더했다.
4. 원전의 의미를 변화시키지 않는 범위에서 조사 등의 보조어를 첨가했다.
5. 본문에 사용된 기호 표시 중, ( )안의 내용은 엮은이가 독자의 이해를 돕기 위해 보충 설명을 한 것이고, [ ]안의 내용은 원문의 저자가 직접 기재했던 부분으로 각각 구별하여 표시하였다.
6. 원문 안에 담긴 사진은 일부만 선택해 부록에 담았다.

세계상에 드문 이적異蹟 믿음으로 되어
신천에서 흘러나와 황해를 통하여 온 조선에 미쳤으니
동서 대지에 증명할 만한 이 기사奇事(기이한 일)

현재 조선 전국의 교회를 부흥시키시는
부흥목사 김익두 씨
1921년 2월
정사精査(자세히 조사함)

# 차례

편집자 서문 ◇ 5
서언 ◇ 27
인도하는 말 ◇ 29

## 제1장 이 은혜가 나타나게 된 동기 ◇ 35

## 제2장 경상북도에서 된 일 ◇ 38
제1회 현풍에서 첫 번 이적으로 막대 걸인이 은혜를 받음
제2회 경산에서 17년 혈루병자가 깨끗하여짐
제3회 대구에서 부득이 배를 갈라야 살겠다 하던 병자가 한번 기도를 받은 후에 병은 낫고 좋은 아들을 낳음
제4회 밀양 부흥회는 기록한 것이 없음

## 제3장 경상남도에서 된 일 ◇ 50
제5회 부산에서 앉은뱅이가 걷게 되며 20년 혈루병자가 완전히 나음
제21회 마산에서 눈에서 비늘 같은 것이 나오고 어둡던 눈이 완전히 밝아졌으며 상한 발목이 고침을 받음

**제4장 황해도에서 된 일** ◇ 58
제7회 은율에서 허리 굽은 이가 펴지고 죽어가던 사람이 살아남
제8회 흥수원교회의 부흥회
제9회 사리원에서 38년 고질이 낫고 앉은뱅이가 걸어 다님
제10회 신천에서 흩루병자가 나음으로 새 교회가 설립되고 안팎
　　　등곱쟁이가 펴짐
제13회 황주 부흥회에서 된 일
제15회 연백에서 소경이 보게 되고 앉은뱅이가 걸어 다님

**제5장 전라북도에서 된 일** ◇ 108
제11회 믿지 아니하는 곳에서 권능을 보여 주시지 아니함

**제6장 경기도에서 된 일** ◇ 110
제14회 만 명 이상이 회집한 경성의 대부흥

### 제7장 평안남도에서 된 일 ◇ 140

제6회 평양 칠당회의 부흥회
제16회 진남포 부흥회는 기록한 것이 없음
제17회 평양에서 아이의 병이 나았다가 믿음을 배반한즉 병이 다
    시 발하고 회개하고 기도를 다시 받은즉 병이 다시 나음

### 제8장 전라남도에서 된 일 ◇ 147

제12회 목포 부흥회
제18회 제주에서 병이 낫고 감사하여 소 한 필을 드림

### 제9장 함경남도에서 된 일 ◇ 152

제19회 원산에서 18년 된 간질이 낫고 곱사등이가 펴짐
제20회 함흥 부흥회는 기록하지 못함

### 제10장 함경북도에까지 은혜가 미침 ◇ 158

**이 은혜가 나타난 결과로 된 유익** ◇ 160

부록 ◇ 166
이적명증회 회원 씨명
이적명증회의 찬성원 씨명

사진 자료 ◇ 170

김익두 약력 ◇ 192

# 서언

1. 이 책은 현대 조선 민족에게 하나님께서 나타내어 주신 은혜로운 이적을 기록하여 영원히 조선 교회의 영화로운 역사로 삼고자 하여 기록함.

2. 이 책에 이적이라 한 것은 하나님께서 우리의 기도를 수령受領하시고, 사람이 능히 행하지 못할 일을 하나님이 친히 행하신 일을 가르침이라.

3. 이 책의 내용은 본 이적명증회異蹟明證會 위원들이 친히 상고하여 눈으로 보고 손으로 만지고 친히 참예參預(참여)한 일과 또 본 회의 찬성원들이 친히 보고 만지고 참예하고 기록하여 보낸 것을 모두 모아 편찬함.

4. 이 책은 일반 신자 중에 한문을 잘 보지 못하는 이와 아동과 부인들까지 보기에 편의함을 위하여 순 언문으로 기록함.

5. 이 책은 사실의 명백한 것을 더욱 명백히 증거하기 위하여 실물인 사진을 다수 삽입함.

6. 이 책 가운데 '선생'이라 한 것은 김익두 목사를 존칭한 것이며, '이 은혜'라 말한 것은 곧 병 고치는 권능을 가리킨 것이라.

7. 이 책은 이 은혜가 전국에 보급된 것을 알기 쉽게 하기 위하여 각 도를 장으로 만들고 각 도의 일치를 따라서 부흥한 순차의 횟수는 서로 바뀐 것도 있음.

8. 이 책에 기록한 것은 1919년 12월로부터 1921년 1월까지에 된 일만 기록한 것인데 합 10도 군에서만 된 사실을 기록한즉, 이후에도 사실이 되는 대로 편집하면 제2권이 있을 것이라.

# 인도하는 말

대저 사람이 기이한 일 보기를 기뻐하는 것은 고금이 일반이라. 옛 때에, 즉 예수 때와 사도들의 시대에 기사와 이적을 많이 행하실 때에 매일 수만의 무리가 수종隨從하였더니(따라 좇았더니), 오늘 이 시대에도 기이막측奇異莫測할(기묘하고 이상하여 헤아릴 수 없을) 이적을 목도하게 된즉 수다한 무리가 따르는 도다. 이상한 일을 눈으로 보며 이상히 여길 뿐이고 이것을 영구히 기억하고자 하는 자가 없는 것은 오히려 더욱 이상한 일이며 가탄할 바르다.

하나님께서 우리 조선 백성을 권고하사 복음의 도를 전하여 믿게 하신 지 38년 간에 교회가 오늘과 같은 성황을 이룬 것은 그 감사함을 다 말할 수 없는 바이거니와, 겸하여 1,900여 년 동안 세계에서 많이 보지 못하던 희한한 이적을 우리 조선 백성에게 나타내어 보이셨으니, 곧 우리가 지금 눈으로 보는 바 황해도 신천읍 교회의 목사 김익두 씨로 좇아 나타내신 이적이라. 이 일은 한두 곳, 두세 사람의 앞에서만 나타내신 일이 아니고 우리 조선 전국 안 여러 대도회大都會(대도시)와 수만 인의 눈앞에서 행한 바라. 곧 삼위일체 하나님의 이름으로 한 번이나 혹 두세 번 안수기도를 한즉 앉은뱅이가 걸어 다니며, 판수(맹인)가 보게 되며, 반신불수가 완전하여지며, 수십 년 탈음증脫陰症(자궁 경부가 질강 밖으로 빠져나오는 병)이 나으며, 10여 년 혈루병血漏病이 깨끗하며, 죽을 지경에 있어서 의원의 약으로 치료할 수가 없던 자가 곧 나음을 얻는 등, 이러한 일은 진실로 기이막측하며 수천 년 이래에 드문 일이며 우리 조상 때로부터 보지 못하던 일이 아닌가?

그러하나 무심한 이 세대여, 이러한 이적을 거저 무심히 보고 지나쳐 보내고자 하는 도다. 우리가 흔히 말하기를 "옛 때는 무식한 세대라 사람의 정도가 대단히 암매暗昧하였다(생각이 어둡고 어리석었다)" 하나, 생각하건대 옛날 어느 시대가 이러한 기이막측한 일을 무심히 보고 기록하지 아니한 시대가 있었는가? 상고上古 모세의 시대로부터 사사들의 시대와 유대국 열왕의 시대, 곧 엘리야와 엘리사의 시대와 그 후 예수님의 시대와 사도들의 시대까지 그 시대에 나타난 기이한 일을 무심히 보고 기록하지 아니한 시대가 어디 있었느뇨. 그러면 이 기이하고 이상한 이적을 무심히 보고 잊어버리고자 하는 오늘 우리의 시대는 암매하지 아니하고 문명하였다 하겠느냐. 이 같은 하나님의 은혜를 찬송하지 아니하는 이 시대는 악한 시대가 아닐까? 지금이라도 이러한 사실이 만일 저 영미 등의 개명開明한 나라에서 되었을진대, 벌써 그 일의 실상을 기록하여 천하에 발포發布하였을(세상에 널리 펴서 알렸을) 것이로다. 우리가 지금 흔히 읽는 바 미국의 드와이트 무디(Dwight L. Moody 1837~1899) 선생의 전기나 영국의 요한 녹스(John Knox 1513~1572)의 사적을 보라. 그 사적의 훌륭함이 오늘 우리의 눈으로 보는 이 일보다 나을 것이 무엇인가. 그렇지만 이 두 선생의 사적은 온 세계가 읽고 칭찬하는 바가 아니뇨. 이러한 것만 아니라 하나님께서 특별히 이때에 이러한 일을 우리에게 보이시는 뜻이 그 무슨 뜻이뇨. 이러한 큰일을 거연히遽然히(생각 없이 갑자기) 보이실 리는 만무하고 반드시 깊은 성지聖旨(거룩한 뜻)가 있는 줄로 아노라.

생각하건대 지금이 어떤 때이뇨. 작년 3월 1일 만세사건 이후로 온 조선 전국에 신자들은 무쌍無雙한(견줄 데가 없는) 고난을 당하였으며 또는 환란과 흉년으로 인하여 굶는 자도 많이 있나니, 이러한 곤고와 궁핍, 환란을 당한 이 불쌍한 신자들을 누가 무엇으로 위로하며 그 믿음을 굳게 하랴. 이는 하나님께서 그 이적을 보이신 까닭의 하나이니, 곧 "고난을 당한 너희 신자들아, 나 하나님이 너희와 함께

하노라" 하심이로다. 출애굽기 4장 1절에서 5절 말씀에 이르시기를,

"모세가 대답하여 가로되 저희가 나를 믿지 아니하며 내 말을 듣지 아니하고 말하기를 여호와가 전에 나타나지 아니하셨다 하리이다. 여호와께서 이르시되 네 손에 있는 것이 무엇이냐. 가로되 지팡이니이다. 가라사대 땅에 던지라 하시거늘 땅에 던지매 곧 뱀이 된지라. 모세가 뱀 앞에서 피하니 여호와께서 모세에게 이르시되 네 손을 내밀어 그 꼬리를 잡으라 하시거늘 즉시 손을 내밀어 잡으매 손에서 도로 지팡이가 된지라. 또 가라사대 이는 저희로 하여금 그 열조의 하나님 여호와께서 네게 나타나신 줄을 믿게 함이라" 하셨고,

또 동同 30절과 31절에 일렀으되, "아론이 여호와께서 모세에게 명하신 모든 말씀을 전하고 백성 앞에서 모든 이적을 행하니 백성들이 믿으며 여호와께서 이스라엘 자손을 권고하사 그 고난을 하감下瞰하셨다(내려다 보셨다) 함을 들을 때에 곧 머리를 숙여 경배하더라" 하셨느니라.

그뿐 아니라 이때는 안과 밖으로 교회에 괴로운 씨가 들어와서 교회를 어지럽게 하며 교우들을 미혹하며 교역자들의 손을 약하게 하는 일이 많이 있으니, 곧 하나님의 아들이신 예수 그리스도의 이름을 더럽게 하는 자와 무한

하신 하나님의 권능의 글씀인 성경에 기재한 이적 기사를 믿지 아니하고 자기의 생각대로 망령되이 해석하는 자들이 일어나서, '예수의 저림이 어디 있느냐, 마귀가 어디 있느냐, 이적이 어디 있느냐' 하는 이런 진실하지 않은 말을 전파하며, 심지어 조선 교회의 교리가 야만이라고 훼방하는 자까지 일어났느니라. 하나님께서 저들의 괴악怪惡함과 진실치 못함을 굽어살피시고 그 입을 막고자 하여 이러한 이적을 보이셨도다. 베드로후서 3장 16~17절 말씀에, "또 그 모든 편지에도 이런 일을 말하였으되 그중에 알기 어려운 것이 더러 있으니 무식한 자와 믿음이 굳세지 못한 자가 다른 성경을 푸는 듯 같이 그것도 억지로 풀다가 스스로 멸망을 취하느니라. 그런고로 사랑하는 자들아, 너희가 이것을 미리 알았은즉 삼가 악한 사람의 미혹에 이끌려 너희 굳센 믿음을 잃을까 두려워하라" 하셨느니라.

더욱이 이때는 말세라. 위험한 재난은 날로 급박하여 오고 교회를 까붐질(곡식을 키에 담아 위아래로 흔들어 터는 일)하는 마귀는 벌써 키를 잡았으니, 무론無論(말할 것도 없이) 회개치 아니하는 자는 구원을 얻지 못하리로다. 그러한 고로 하나님께서는 속히 회개하고 구원을 얻을 자를 위하여 이러한 이적을 보이신 것이르다. 이렇듯 중대하고 기이한 이적을 우리가 보기만 하고 기록하지 아니하면 수년이 지나지 못하여 그 사실이 세속에 묻히어서 무한히 영화로운 하나님의 영광을 기억하지 못하게 되리니, 이것이 어찌 우리의 무심한 죄가 아니리요.

출애굽기 10장 2절에, "또 너로 하여금 내가 애굽 사람 중에서 행한 일과 나타낸 이적을 네 아들과 손자에게 전하게 함이니, 이는 너희로 하여금 내가 여호와인 줄을 알게 하려 함이라" 하셨느니라. 그러므로 우리 이적명증회는 친히 본 바와 들은 바와 손으로 만져본 바를 기록하여 이 책을 만들어 천만 대까지 전하고자 하노라.

구주강생 1921년 1월
편집자 임택권 識(기록함)

# 제1장 이 은혜가 나타나게 된 동기

선생은 원래 믿는 마음이 특이하고 기도하는 열성이 과인 過人하니라(보통 사람보다 뛰어나니라). 그러나 선생도 처음에는 성경 중 이적 기사에 대하여는 우리 일반 신자의 믿는 바와 같이 생각하였으니, 가령 안수 기도함으로 죽게 된 자를 살리며 앉은뱅이로 걷게 하며 소경을 보게 하는 일과 같은 것은 옛날 거룩한 사도들과 선지들이 능한 바이거니와, 지금 보통 교역자들은 행할 바가 아니며 또한 행할 시대도 아니라고 생각하였느니라. 그런고로 자기가 스스로 성결하게 하여 주심을 받기 위하여 또한 교회의 부흥할 일을 위하여서는 밤이 맞도록 기도도 하며 이삼일씩 금식도 하고 기도할 때는 많이 있었으나, 중병에 걸려 고생하는 신자의 병이 낫기 위하여 기도한 것과 어떠한 병신을 고치기 위하여 기도하는 일은 특별히 힘쓴 때가 많지 않더라.

그러나 선생의 믿는 힘은 보통 사람보다 특이한지라. 믿은 지 수년 후에 재령읍에서 처음 소학교 교사로 있을 때에 어떤 믿는 집 아들이 중병으로 죽게 된 것을 보고 간절한 마음으로 종일토록 기도하여 낫게 한 일이 한 번 있었고, 또 그 후에 신천읍 교회에서 처음으로 조사助事 일 볼 때에 어느 날 훈련거리 집 모퉁이로 지날 때에 불쌍한 앉은뱅이가 있는 것을 보고 그 곁에 다른 사람들이 없는 기회를 엿보아서 잠깐 기도하고 앉은뱅이의 손을 잡아당기며 일어나라 하였다. 그러나 그 앉은뱅이는 아무런 줄도 모르고 일어나지도 못하는지라. 선생은 심히 부끄러워서 다른 사람이 보지 않는 곳으로 달아났느니라. 그 후로부터는 항상 그러한 일을 피하였느니라.

주후 1919년 10월에 평안남도 강동군 열패교회에서 동도소道(같은 도) 순천군 교회 목사 정석종 씨와 함께 한 주일 동안 사경회를 인도하게 되었는데, 이전부터 정 목사는 임의 지도함으로 병자를 고쳐본 사실이 있었더라. 양씨兩氏가 (두 사람이) 마가복음 16장 17~18절에 "믿는 자에게는 이런 이적이 있어 따르리니 내 이름으로 저희가 사귀를 쫓으며 새로이 방언을 말하며 뱀을 집으며 독한 것을 마시되 결단코 상함이 없으며 병든 사람에게 손을 얹은즉 나으리라 하시더라" 하신 말씀을 서로 토론하는 중에 선생의 마음이 심히 뜨거워졌더라.

그 후부터 선생은 항상 마음 가운데 번민이 일어나며

드는 생각이, 만일 오늘이라도 기도함으로 '중병을 고치는 주의 권능이 동행하실진대 불구자 된 병신을 고칠 능력을 허락하지 아니하실 이유가 어찌 있으리요. 내가 오늘까지 이 은혜를 구하지 못한 것은 신앙이 심히 박약한 것이로다' 하며, 또 생각하기를 '오늘날 만일 이러한 이적이 따를진대 저 성경의 진리를 반대하는 자들의 고약한 생각을 타파하기에 어찌 막대한 증거가 되지 아니하리요' 하고, 그때로부터 이 은혜를 받기 위하여 간절히 기도하기를 시작한지라. 그 후 1개월 만에 신천읍 본 교회에 돌아온즉 여교우 하 씨 경순이가 중병으로 고통함을 보고 당석當席(그 자리)에서 믿는 마음으로 안수 기도하였더니, 그 이튿날에 곧 병이 나음을 얻어 깨끗하여진지라. 이 일을 보고 선생은 이에 대한 믿음이 더욱 견고하여졌더라.

# 제2장 경상북도에서 된 일

**제1회 현풍에서 첫 번 이적으로 막대 걸인이 은혜를 받음**

그해 12월에 경상북도 달성군 현풍면 교회의 사경회를 인도하셨는데 공부에 참예한 자는 수백 명에 지나지 못하였더라. 그중에 한 유명한 병신이 참예하였는데 이 병신은 10년 전에 아래턱이 떨어져서 다시 올라붙지 아니함으로 10년 동안에 약과 침으로 고쳐보기도 많이 하였지만 종시 終是(끝내) 낫지 아니하였으므로, 항상 입을 벌린 채로 닫지 못하는 불쌍한 사람이라. 가슴에 고의袴衣(속옷)와 같은 것을 지어서 목에 걸어 늘어 치고, 손으로는 손수건을 가져 항상 입을 가리고 다니며 말을 조금이라도 통할 수가 없으며, 음식을 먹으려 하면 음식과 물을 가지고 조용한 곳을 찾아서 드러누운 후에 손으로 음식을 조금씩 입에 넣은 후에 물을 부어 넣어 삼키어서 겨우 생명이나 보전하여 왔더라. 이 사람은 걸인인 고로 이만큼 먹는 음식이라도 집집에 다니며 구걸할 때에, 말을 못하는 고로 막대를 가지고 다니며 대문을 두드려서 사람이 나오면 손으로 입을 가리켜 먹을 것을 달라 하여서 식은 밥술이나 얻어다가 입에 집어넣어서 먹고 10년 동안을 살아왔으니, 그런고로 달성군 근읍近邑(가까운 고을) 지경에서는 막대 걸인이라 하면 누구든지 다 알게 되었더라.

  그러한데 이 사람이 어디서 복음의 말씀을 듣고 믿었던지 이 세상에서는 다시 바랄 것이 없는 줄을 알고, 오는 세상의 복을 바라는 마음으로 주님을 믿으며 주일마다 예배당을 찾아오더니, 이때 게 사경査經(성경공부)하는 말씀을 듣고 와서 참예하게 된지라. 어느 날 아침에 공부를 마칠 때에 선생은 이 사람의 정형情形(형편)을 보고 그 불쌍함을 견디기 어려운 고로 그 당석當席에서 이 병신을 위하여 기도하기를 시작하여, 매번 공부 시간과 공부를 마친 후마다 그를 위하여 기도하였는데, 이틀을 지내어도 아무 응험應驗이 없으니(실제로 이루어진 증거가 없으니) 어떤 교우들은 생각하기를 '이러한 것을 위하여 기도할 필요가 없다' 하였더라. 일이 이루어진 후에 감사하는 기도를 할 때에 여러 사람이 자복하기를 "나는 이런 기도는 필요가 없다고 생각하였더니, 하나님의 능력이 나타나는 것을 보니 나는 과연 죄인이로소이다" 하며 기도하였다 하더라.

  선생은 더욱 간절한 생각이 발발하여 제3일에는 아침

부터 저녁까지 온전히 금식하고 이 일만 위하여 기도하였더니, 그 금식을 필한 이튿날 아침에 공부를 시작하기 전에 선생이 유하시는 방의 맞은편 방에서 무리의 떠드는 소리가 나며 여러 사람이 그 병신을 옹위하여 가지고 선생이 계신 방으로 들어오며 소리 질러 부르기를 "선생님 이것을 보시오, 이것을 보시오" 하는지라. 선생은 얼른 보니, 벌써 그 병신의 아래턱은 올라가 붙었더라. 무리가 데리고 선생 방으로 들어가서 그 방에 있는 건시乾柿(곶감) 한 개를 주며 먹으라 하니, 그 사람은 받아서 먹으며 춤추며 "좋다, 좋다" 하였더라. 이 소리는 10년 만에 처음 한 것이더라.

    선생은 자기가 이 일을 위하여 금식까지 하고 기도하였으나 곧 이루어 주심을 받을 때에는 너무 신기하고 감사하여 공구恐懼한(몹시 두려운) 마음이 일어나며 온몸이 떨리며 생각하기를, '하나님의 권능이 이러하구나' 하였다 하더라. 이것은 마치 사도행전 12장 5절과 13절에서 17절 말씀에 베드로가 옥에 갇히매 교회가 간절히 그를 위하여 하나님께 기도하다가 과연 하나님이 베드로를 놓아서 돌아온 것을 볼 때에는 믿지 못하는 것과 흡사하였느니라. 할렐루야.

    이 형제의 본 성명은 박수진인데 선생이 하나님께서 은혜 주신 것을 생각하여 이름을 고쳐 수은이라고 지어 주었더니, 그 후 8개월을 지나 1920년 7월 20일에 대구에서 세상을 떠난 고로 본회에서는 사실만 들어 알고 사진은 못 하였느니라.

## 제2회 경산에서 17년 혈루병자가 깨끗하여짐

그 다음해 1920년 4월 17일에서 23일까지 1주일간 경산읍 교회에서 부흥회로 모였는데, 공부한 자는 수백 인에 불과하였으나 수십 명의 병자가 고침을 받았는데, 다 기록하지 못하고 몇 사람의 일간 기록하였느니라.

경산군 경산면 중방동 강낙삼 씨의 아내 김 씨 손금 32세는 3년 전부터 전풍중[발목 위와 무릎 아래가 부어서 다른 사람의 살과 같이 되어서 만져도 만지는 줄을 알지 못하고 칼이나 불에 상하여도 아픈 줄을 알지 못하는 병]이 있었는데, 이 병은 매우 무서운 병인 고로 다른 사람에게 말하지도 못하고 자기 혼자 심한 근심과 고생으로 3년 동안을 지내어 왔더니, 이때에 사경에 참예하던 중 동(同) 4월 20일에 선생의 안수 기도하여 주심을 받았더라. 그 기도를 받고 주인집에 돌아온 후 그날 밤부터 그 당처當處(상처가 있는 자리)가 심히 아프고 저려서 견딜 수 없음으로 밤새도록 앓고 그 이튿날도 종일 동안 공부에 참예치 못하였더니, 차차 아픈 것이 멎으며 완전히 나아서 다른 살과 같이 성하게 되었더라. 기도를 받은 지 제3일[22일] 아침 기도할 때에 이 부인은 여러 교인 앞에서 자기 병이 나아서 완전하여졌노라고 기쁨으로 증거하였고, 그 후로부터 지금까지 잘 믿는 이가 되었느니라. 이 일은 1921년 1월에 그 교회 목사 서성오 씨가 증거하여 보내었더라.

또 이때에 이보다 더욱 큰 병을 고쳐 주신 것이 있나니, 동군同郡(같은 군) 고산면 사월리 교회 박 씨 달옥은 본래 잘 믿는 부인인데, 17년 전부터 우연히 혈루병을 얻어 13년 동안 크게 고생하며 여러 모양으로 치료하여 보았으나 조금도 효험이 없을 뿐 아니라, 4년 전부터는 병이 더욱 심하여 피가 항상 흐르는 고로 어디든지 가서 앉으면 그 앉아 있던 자리는 피가 괴이게 되는지라. 부득이 예배당에도 잘 다니지 못하고 한 달 동안에 한 주일이나 혹 두어 달 만에 한 주일씩이나 예배당에 나아갈지라도 심히 조심스럽고 염려스러운 마음으로 지냈더니, 이 사경회가 시작한 지 수일이 지나도록 박 씨는 선생의 기도함으로 자기의 병을 낫게 하여 주실 은혜는 생각지도 못한 고로 위하여 기도하여 달라고 청하지도 못하였더니, 몇 날 후에 어떤 믿는 부인이 선생의 기도하여 주심을 받고 병이 나았다 증거하는 것을 보고 들은 후에 곧 믿는 마음이 나서 그 시로 선생의 기도를 받았더니, 그 사경회가 마치기 전에 곧 그 병이 깨끗함을 받아 여러 사람 앞에서 기쁨으로 증거하였다 하며, 그 후 8, 9삭朔(개월)을 지나 1921년 1월에 박 씨는 자기의 사진한 것과 감사하는 서신을 선생에게 보내었더라. (사진 1, 2)

박 씨 달옥이 써 보낸 편지 - 번등飜謄한(번역하여 베낀) 것
주님의 사랑하시는 목사님 전前.
두어 자 문안합니다. 미심 신년에.

천부의 홍은鴻恩(넓고 큰 은혜) 중에 기체후氣體候 만중萬重하시오며(건강과 몸 상태가 어떠하신지 만 번 거듭하여 여쭈오며) 교회도 날로 새로이 전진하시는지 참 즈게 기도합니다. 사랑이 지극하신 목사님의 충성으로 인하여 죽을 죄인이 살아나서 무사히 지내오니, 감사한 말씀과 영광을 우리 하나님께 돌립니다. 17년 동안을 고생하며 혈루증은 더러운 병인 고로 여러 사람 있는 데는 가지도 못하였는데, 하나님의 영광으로 완전히 나았사오니 감사하옵고 평생에 편히 있다가 죽을 터인 바 참 감사합니다. 전일 목사님께 편지하였었는데 받지 못하였습니까. 목사님 소식 듣기를 간절히 원합니다. 우리 경산에 언제 한 번 오셔서 만나보리이까. 저는 늙은 여자의 몸으로 갈 수도 없습니다. 편지도 잘 쓰지 못하는

경상북도에서 된 일 43

고로 두어 자 앙고仰告합니다(우러러 아룁니다). 저의 사진을 보내라 하기에 보내오니 받으시고 답장하시옵소서.

주후 1921년 1월 10일 박달옥 상上(올림)

## 제3회 대구에서 부득이 배를 갈라야 살겠다 하던 병자가 한번 기도를 받은 후에 병은 낫고 좋은 아들을 낳음

동년 4월 25일부터 5월 13일까지 대구부 남성정 예배당 내에서 부흥회로 모였는데 이때는 경산과 현풍에서 부흥회 했을 때에 많은 은혜를 받은 소문이 근읍近邑에 전파된 때라. 대구에도 선생의 소문이 많이 들리는 중 더욱이 사람들의 믿음을 크게 경동驚動한(놀라서 움직이게 한) 것은 10여 년간 아래턱이 떨어져서 고생하던 막대 걸인 박수진이 선생의 기도를 받고 곧 완전히 나아졌다 하는 특별한 소문이었더라. 각처로부터 모여와서 공부에 참예하는 자가 매일 수천 명씩 되었고, 매일 저녁 강설회 하는 때에는 아니 믿는 자들까지 더욱 많은 수가 모여서 신령한 은혜에 목욕한 결과, 이때에 새로 믿기로 작정한 자 808명이 되었으며, 또 본 교회 학교를 위하여 연보한 것이 당장 5만여 원의 거액이 되었으며, 병 고침을 받은 사람도 거의 수백 명이 되었다 하나, 본 경증회가 추후에 상고하던 때에는 각처로 헤어졌으므로 상고할 수가 없게 되었고 다만 대구부에 드러나 있는 두세 사람의 일만 상고하여 기록하느니라.

대구부 남성정 대남여관 주인 허찬 씨의 부인 홍 씨 선이 42세는, 임신한 지 2개월 후로부터 온몸에 골절통이 나서 주야로 잠을 이루지 못하고 심히 고통하여 음식을 전폐하고 심히 위태하게 된지라. 대구부의 명의에게 진찰을 받은즉 그의 말이 "이는 임신이 아니라 중한 병인즉 부득이 수술을 하여 배를 갈라야 살겠다" 하는지라. 이 부인은 심히 두려워서 "비록 죽을지라도 배를 가를 마음이 없노라" 하고 집으로 돌아와 고생하더니, 마침 이때에 어떤 믿는 부인의 권하는 말을 듣고 선생에게 나아가서 사정을 말하고 수차 기도를 받았더니, 그때부터 그 고통하던 것이 곧 없어지고 복부만 여전히 부른 채로 있는지라. 선생은 그 남편과 그 부인을 대하여 말씀하시기를, "이는 비록 명의의 말이지만 곧 임신이 분명하니 의심하지 말고 믿고 기다리라" 하였더니, 그 후에 무사히 좋은 남자아이를 순산하고 선생이 마산부 교회에서 부흥회를 하던 때에 감사하다는 기별을 선생에게 보내었더라.

이 일과 같은 때에 참말 이상하고 두려우며 두렵고도 분한 사실 하나가 생겼으니, 이는 곧 대구부 기녀 김경애의 일인데 말할수록 분하도다. 이 김경애는 1년 동안 중병이 들어서 소변불통小便不通이 된 지가 40일에 거의 죽을 지경이 된지라. 기생의 권도權導(우두머리)라 물론 많은 약도 써 보았겠지마는 조금도 나음이 없이 날로 더하더니, 선생의 소문을 듣고 자기의 모친과 함께 병상에 누인 채로 남성정 예배당을 찾아왔더라. 선생은 이 기생을 보고 먼저 전도하고 권면하시기를, "내가 보니 너는 기생이라, 곧 죄인의 생활을 하다가 이 같은 중병에 걸렸으니 곧 죄의 벌이라. 내가 비록 너를 위하여 이제 기도한들 네가 회개하지 아니하고 네가 간절히 기도하지 아니하면 어찌 낫기를 바라겠느냐. 그런고로 네가 먼저 기도하기로 작정하여야 내가 기도하여 주겠노라" 하시니라. 경애는 곧 그 자리에서 눈물을 흘리며 심히 애통하고 "내가 지금은 회개하고 또 스스로 기도하기로 작정하겠사오니 기도하여 주시오" 하는지라. 선생은 곧 위하여 기도하시고 명하여 그날 밤에 "네가 잠을 자지 말고 예배당에 가서 기도하라" 하였더니, 경애는 그 말씀대로 바로 예배당에 가서 밤이 맞도록 기도하다가 너무 곤함을 이기지 못하여 엎드려 졸더니, 홀연히 이상한 꿈을 얻고 곧 그 시로부터 위로를 받고 소변을 통하게 되었더라. 그 후로 점점 부은 것이 낮아지며 완전히 성한 사람을 이루었느니라.

경애는 이로부터 회개하고 대구부 예수교 여학교에 입학하여 3, 4삭朔을 잘 공부하며 믿더니 학교에서 공부하는 중 공부는 심히 어렵고 같이 공부하는 학생들의 대우하는 것이 별로 재미가 없으며 학교생활에 점점 마음이 떨어져서 다시 옛날을 생각하게 되었더니, 한 날은 대구의 명기라 하던 노기老妓의 환갑을 당하여 청함을 입어 갔다가 여러 사람의 권함을 견디지 못하여 이전과 같이 기생의 가무를 하였더니, 곧 그 시로부터 이전 병증이 다시 발하여 크게 낙심함으로 지금은 옛날과 같이 병인도 되고 또 믿지 아니하는 자가 되었으니, 아, 이것이 어찌 두려운 일이 아니며 심히 통분할 일이 아니리요.

성경에 이르시기를, "만일 저희가 우리 주 되신 구주 예수 그리스도를 앎으로 세상의 더러움을 벗어난 후에 다시 그중에 얽매이면, 그 종말이 시초보다 더 심하리라. 대개 의의 도를 알고도 받은 거룩한 명령을 저버리는 것보다 알지 못하는 것이 도리어 저희에게 나으리라. 참 속담에 이르기를 개가 그 토하였던 것을 도로 먹고 돼지가 씻었다가 다시 더러운 구덩이에 누었다 하는 같이 저희에게 응하였도다"[벧후 2:20~22] 하였나니, 저러한 특별한 은혜를 받아서 믿던 자가 이러한 방탕한 자리에서 다른 사람의 권함을 이기지 못한 것이 큰 죄라 하겠지마는, 더욱이 경계할 만한 것은 이전에 죄의 일을 같이 행하던 죄인 친구의 집에서 청함을 거절하지 아니한 것이 더욱 실책이 되었느니라. 각처에서 병 고쳐 주시는 하나님의 은혜를 받은 형제자매들이여, 극히 조심하고 믿음을 잃을까 염려하기를 바라노라. 우리 주님이 친히 가르치신 말씀에 "네가 나았으니 다시는 죄를 범하지 말고 더 큰 증세가 발할까 염려하라"[요 5:14] 하셨느니라.

고령군 다산면 호촌동 장의덕 36세는 지금 대구부 서성정 이정목 18번지 천재추의 방에 유하는데, 3년 전에 반신불수가 되어 의원의 약과 침을 많이 썼으나 종시 낫지 아니하여 그 고생됨을 다 말할 수 없더니, 이때에 이 부인은 선생의 소문을 듣고 그 마음에 믿음이 일어나서 생각하기를, '내가 아무쪼록 이 하나님의 사람의 기도를 한 번 받으면 나을 터이니 이제 곧 가서 보리라' 하고, 자기 집에서 마차 타는 정류소까지 어린아이와 같이 기어가서 마차를 타고 대구부 남성정 예배당을 찾아온즉, 마침 이날은 부흥회를 마치는 날이 되어 너무 분주한 고로 기도 받을 기회를 얻지 못하고 심히 갈급하더니, 그 이튿날 곧 5월 14일에 선생이 밀양으로 가시는 고로 이 부인도 다시 마차를 타고 밀양으로 따라가서 간절히 기도 받기를 구하더니, 과연 한두 번이나 기도를 받은 후에 곧 그 부인의 마음은 심히 기쁘나 몸은 이전보다 더 아프더니, 그날 밤에 객주 집에 돌아와서 자다가 한 꿈을 얻으니 하늘로부터 한 쇠사슬이 내려와서 그 아픈 다리를 휘휘 감는지라. 이 부인은 그 쇠사슬에 감은 결을 따라 기지개를 펴더니 곧 그 시로부터 팔과 다리에 맥이 돌며 힘이 나서 깨끗함을 받아 완전한 사람이 되니라. 그 부인은 그때로부터 잘 믿는 부인이 되어서 그 마음에 생각하기를, '이 받은 은혜를 갚을 길이 없으니, 나의 몸으로 하나님께 드릴 것밖에 없다' 하고 자기 집을 떠나 대구부에 들어와 우거寓居하며(남의 집에 임시로 거처하며) 잘 믿는 중이더라. 편집자가 마산에 갔다가 돌아오는 길에 남성정 예배당에서 주일을 지키며 본 명증회의 일하는 바를 증거할 때에 장 씨는 편집자를 대하여 자기의 받은 은혜를 증거하고 말하며 눈물을 흘리더라. (사진 3)

제4회는 밀양군에서 부흥회가 있었는데 별로 상고한 것이 없어서 기록하지 못하느니라.

# 제3장 경상남도에서 된 일

## 제5회 부산에서 앉은뱅이가 걷게 되며 20년 혈루병 자가 완전히 나음

동년 5월 17일부터 1주일간 경남 부산진교회에서 선생을 청빙하여 부흥회를 열었는데, 회집한 자가 사오백명 이상이며 성경공부와 강설회에 큰 감동이 일어나서 신령한 힘을 얻은 자도 많고, 또는 하나님의 권능으로 수천 년간 세상에서 보지 못하던 기이한 일이 나타나 처음 보는 자의 눈을 둥글게 하고 처음 듣는 자의 귀를 놀라게 할 만한 일이 있었더라.

부산진 좌천동 446번지 김낙언의 아들 두수, 당년當年(그 해) 8세는 낳은 지 8개월 만에 우연히 앉은뱅이가 되어 8년 동안을 서서 다니지 못하고 이 세상을 슬프게 지내왔더니, 마침 부흥회를 시작한 제3일 저녁 강설 할 때에 이 아이는 그 집이 곧 예배당 문 앞인 고로 간신히 기어서 예배당을 찾아가 선생의 곁에 앉았는데, 선생은 그 아이가 병으로 고생하는 것을 불쌍히 여겨 안수기도를 한 후에 그 아이는 즉시 일어나서 걷게 되었으므로, 그 기뻐함은 말로 다 할 수 없고 오늘도 여전히 걸어 다니는 것을 본 사람마다 영광을 주께 돌리며 새로 믿는 자도 많이 생겼더라.

편집자는 이 일을 조사하기 위하여 1921년 1월 7일 오전 9시경에 부산진 예태당을 찾아가서 주인 송상호 장로를 만나서 이 일을 위하여 찾아온 연유를 말한즉, 부인들이 이 말을 듣고 곧 두수라 하는 아이의 집에 통지하여서 예배당으로 걸어 들어오는 것을 보니, 본래 오랫동안 걷지 못하였던 다리인 고로 온전히 힘이 통하지 못함으로 마치 처음으로 걸음을 배우는 어린아이와 같이 적이(상당히) 거척거척(뒤뚱뒤뚱)하는 모양이더라. 그러나 자기의 장난하는 참대[죽간竹竿(대나무 장대)]를 들고 "할아버지 계시오니까" 하며 들어오는데, 주인 장로는 말씀하기를 "저 아이가 곧 그 앉은뱅이였던 아이올시다. 지금은 저와 같이 잘 다니며 노는데, 자기의 부모가 너무 가난하여 의복도 잘하여 입히지 못한 고로 거변去番(지난번) 구주 탄일에 우리 교회 주일학교 교사회에서 부인들이 저러한 옷을 지어 입혔는데, 지금은 주일학교에 잘 다니고 그 부모도 지금은 감사하는 마음으로 예배당에 잘 다닙니다. 수월數月(몇 달) 전에 경성청년전도단에서 전도하러 왔을 대에 이 아이를 촬영하여 간 일이 있소이다" 하더라. 편집자는 너무 감사함으로 그 주인 집에서 그 아이와 함께 하나님께 감사하는 기도를 드리고, 촬영할 일은 본 교회 목사에게 부탁하니라. (사진 4)

김해군 하계면 진영리 박 씨 봉련 66세는 그 남편과 친족이 다 없고 다만 외아들 김봉수가 있더니 몇 해 전에 일본으로 건너가서 돌아오지 아니함으로 무의무가無衣無家하여(옷도 없고 집도 없어) 동가식서가숙東家食西家宿으로(일정한 거처 없이 떠돌아다니며 지내면서) 무쌍無雙한 고생을 하며 교회에 염려도 적지 않게 끼쳤더라. 이러한 처지에 겸하여 3년 전부터 콧병이 나고 온몸에도 무수한 종기가 나서 그 괴롭고 아픔을 견딜 수 없었으며, 또한 가는 곳마다 사람의 싫어하는 바가 되었더니, 본 교회 목사 김기원 씨에게 들은즉 "선생이 경산과 대구 등지에서 많은 병자를 낫게 하셨고 지금은 부산의 교회로 가셨다" 하는지라. 박 씨는 천신만고하여 노자路資(여행 경비)를 준비하여 부산으로 가서 친히 안수 기도하심은 받지 못하고 다만 여러 사람을 위하여 보통으로 기도하시는 것을 받았으나, 즉시 그때로부터 마음이 상쾌하더니 곧 깨끗함을 얻어서 지금[1921년 1월]은 온몸이 건강하여 무슨 일이든지 잘하게 되었으므로 하나님의 은혜를 무한히 감사한다더라.

동리同里 임 씨 수경 51세는 28세 되던 해 생산生産(출산)

한 후에 얻은 병으로 자연 혈루증이 되어서 매달 몇 날씩은 하혈이 심하여 그 몸이 피곤함이 심하더니, 33세 되던 해부터는 매일 토혈과 하혈이 겸하여 12~13일 혹은 15일씩 계속되는데 선지피 덩어리 채 막 쏟아져 나온즉, 말을 잘할 수도 없고 또 정신이 혼미하게 되어 그 고생됨을 다 말할 수 없었거니, 37세 될 때부터는 토혈이 적이 멎었고, 하혈이 전보다 더하여 감당할 수 없이 흐르는 고로 어떤 때에는 거리에 출입할 때에 증세가 발하면 사람 앞에 수치스러움을 당한 일도 한두 번이 아니라. 그러므로 동네의 사람들은 동씨同氏(앞서 말한 임씨)의 일을 누구든지 다 아는 고로 혹 짐승의 피가 땅에 흘렀어도 임수경이가 지나갔다 하며, 혹 무슨 피가 많이 고인 곳을 보면 임수경이가 앉았던 곳이라 하더라. 그러한 중 음식은 연명이나 하기 위해 조금씩 먹으며 어느 날이든지 평안하여 볼 날은 별로 없이 20여 년 동안을 살아왔는데, 그간에 일선日鮮(일본인과 조선인)인 의사의 대증對症(병의 증상을 보고 처치함)과 용약用藥(약을 씀)한 것은 그 수를 알 수가 없고 그 고생과 슬픔은 더욱이 말할 것 없었더라.

    마침 선생이 부산으로 다녀서 진주교회로 가셨을 때에, 이 부인은 각처에서 선생의 행하신 일을 듣고 믿는 마음이 생겨 동년 5월 25일에 진주로 가서 그날 오후에 즉시 안수기도를 받았는데, 27일 선생은 마산으로 가시는 고로 이 부인도 마산으로 따라갔다가 너무 분주함으로 안수함을 받지 못하고, 28일은 선생이 본향으로 가시게 됨으로 이 부인도 집으로 돌아왔는데, 그날부터 차도가 있기 시작하여 동同 9월부터는 완전히 깨끗하여 지금은 음식도 잘 먹고 몸도 아주 강건하며 마음도 상쾌하여 사람 앞에서 수치가 없어지고 출입도 마음대로 할 수 있으니, 가히 죽은 가운데서 다시 살았다고 하겠는지라. 동同 부인은 "이러한 큰 능력을 선생에게 주신 하나님께 감사하고 또 이 같은 은혜를 받으신 그 선생에게 치하한다" 하였더라. 이상 두 부인의 사실은 1921년 1월에 김기원 목사께서 기록하여 보낸 것이라. 진영리에는 사진사가 없으므로 촬영은 하여 보내지 못한다 하였더라.

## 제21회 마산에서 눈에서 비늘 같은 것이 나오고 어둡던 눈이 완전히 밝아졌으며 상한 발목이 고침을 받음
[경상남도에 함께 기록하기 위하여 이에 편입함]

주후 1921년 1월 1일부터 1주일 동안 마산부 교회에서 선생을 청하여 부흥회를 개최하였는데, 개일開日 전부터 각처에 흩어져 있던 신자들은 신령한 은혜를 받고자 하여 찾아오며 허다한 병자들은 특별한 이적을 갈망하는 마음으로 모여들어서 예배당 넓은 자리에 가득 찼으니, 무려 천여 명 회중이더라. 새벽기도회 시마다 일반 회중의 은혜받는 현상이 많이 나타나며 때를 따라 공부하는 데와 강설하는 중에서 큰 감동을 일으켰더라. 특별히 기도 받기를 원하여 선생을 따라다니는 무리도 많고 이미 기도 받고 나음을 얻어 기쁨으로 찬송하는 자들도 많이 있는지라. 그중 특별한 일 두셋만 게재하느니라.

1. 김해군 녹산면 구랑리 김종호 씨의 아들 경출 11세는 5년 전부터 우연히 안질이 나서 각처에서 의약을 많이 쓰던 중, 금년에는 부산까지 가서 의사에게 진찰을 받고 약을 썼으나 즉시 낫지 아니하고 필경 좌편 눈에 백태白苔(눈에 희끄무레한 막이 덮이는 병)가 끼여서 조금도 보이지 않게 됨으로, 인근 사람들은 다 영영히 폐목廢目(눈이 거의 보이지 않는 상태)이 된 줄로 인정하였더라. 이 아이는 그 눈을 위하여 심히 원통한 생각이 나서 하나님께서 고쳐 주시기를 바라는 마음으로 와서 고대하다가 수차 기도함을 받았더니, 기도를 받은 지 제5일 후 어느 아침 세수할 때에 그 눈에서 마치 잉어 비늘 같은 것이 벗어져 나오더니, 곧 환하게 보이는지라. 이 아이는 심히 기뻐하여 그 잉어 비늘 같은 것을 손톱으로 잡아당기어 본즉 심히 질기어 끊기 어렵더라. 그

날 새벽기도회 할 때에 수천인 가운데서 그 사실을 증거하였느니라.

2. 구舊 마산부 만정 151번지 박태윤 씨의 아들 득룡 4세는 난지 6개월 후에 일일一日은(하루는) 큰아이에게 업혔더니, 업은 아이가 넘어짐으로 업힌 어린아이의 다리에 상함을 받아 발목이 치어서 이때까지 일어나지 못하고 항상 무릎으로 기어 다니더니, 금번 부흥회에 그 부모가 데리고 와서 수차 기도를 받고, 지금은 치어졌던 발목이 곧 풀리어서 일어나서 걷기를 시작하였느니라.

3. 김해군 하계면 진영리 233번지 송운수의 장남 흥선 14세는 작년 3월부터 목이 쉬기 시작하여 수삭數朔(몇 달) 후에는 목 밖에 몽울이 생김으로, 상처를 자세히 본즉 목 안이 헐고 구멍이 뚫어져 상처가 심한지라. 그 부모들은 심히 근심하여 김해군 촌정농장의원村井農場醫院에 입원하여 치료를 받고 있으나, 약을 쓸수록 효력은 조금도 없고 도리어 목 안의 상처가 더욱 험하게 되어 음식을 조금도 먹지 못하고 물을 마시면 코로 나오는 고로 수삭數朔 동안 심한 고생을 하다가 필경 병원에서 31원의 약값을 주고 파의破議한(의논을 그만둔) 후, 다시 같은 군 어떤 한의漢醫에게 위탁하여 4삭朔 동안이나 치료하였으나 종시 낫지 아니하고 점점 더하여 오던 차에, 특별히 은혜받을 이 기회를 당하여 선

생을 찾아서 2차 기도를 받았더니, 그때부터 차도가 있어 지금은 아픈 것이 없어지고 음식도 잘 먹고 얼음도 똑똑하고(똑똑 씹고) 침도 잘 삼키게 되었으니, 곧 완전히 나음을 받았더라.

4. 동래군 사상면 삼락리 김세권 씨의 아들 성준 25세는 작년 9월 7일부터 정신이 없어 허튼 말 하기를 시작하더니, 한 10여 일 후에는 그 증세가 대발大發하여(크게 일어나) 허튼 말을 하며 각처로 돌아다니면서 사람을 만나면 욕설을 하고 벌판으로 항상 달아나더라. 여러 사람이 붙잡아 두 손목을 매고 억제하여 두었더니, 그 매인 줄을 벗어나기 위하여 요동함으로 팔이 심히 상하여 죽게 되었더라. 금번에 그 모친이 데리고 와서 선생에게 기도 받은 후에 정신이 완전하여, 자기 입으로 "내가 지금은 나았노라" 증거하니라. [이 사람은 주를 믿으나 그 마음에 부정한 생각을 품어 범죄함으로 이 증세가 발하였던 것이라 하더라]

이는 주후 1921년 1월 8일에 편집자가 친히 마산교회 부흥회 장소에 가서 증거하는 것을 보고 듣고 기록하고 그날 오전 11시경에 이 네 사람을 촬영하였으며, 그 후 3월에 이상 각 사람의 부모에게 물어보는 편지를 보내었더니 곧 완전하다는 회답을 보내었더라.

경상남도에서 된 일  57

# 제4장 황해도에서 된 일

## 제7회 은율에서 허리 굽은 이가 펴지고 죽어가던 사람이 살아남 [제6회는 제7장 평안남도에 편입됨]

이적명증회는 이때 시작되었다.

　동년 7월 6일은 곧 황해노회 제15회가 황해도 은율읍 남천리 교회당 내에서 개최되는 날이다. 80여 명 회원이 회집하여 거룩한 은혜가 충만한 중에서 회무 처리를 필하고, 동월 8일부터 1주일간 황해도 하계 제직도사경회가 연속하여 개최되었는데, 사회자는 재령읍에 거주하는 선교사 한위렴(William F. Hunt 1869~1953) 씨이고, 사경 선생은 경기도 개성에 계신 김상준 목사이고, 사경 회원은 90여 명이더라. 동시에 선생은 평양의 교회에서 부흥회를 필하고, 황해노회와 및 제직사경회에 참석하고 있던 참이라. 각처에서 이적이 나타났다는 기쁜 소식을 들은 허다한 병자들이 재령, 안악, 은율, 송화 각 군에서 혹은 우차牛車(소가 끄는 수레)와 인력거에 몸을 싣고 오는 자와 혹은 막대를 의지하여 도보로 간신히 찾아오는 자가 구름같이 모여들매, 마치 주님 당시 갈릴리 회당에서 되던 광경을 친히 봄과 같더라.

"예수가 온 갈릴리에 두루 다니사 저희 회당에서 가르치시며 천국복음을 전파하시고 백성 중에 모든 병과 악한 것을 고치시니 소문이 수리아 온 지방에 퍼진지라. 모든 앓는 자를 예수께 데려오니 이는 온갖 병들어 고통 하는 자와 사귀邪鬼들린 자와 간질하는 자와 풍증들린 자라. 저희를 고치시더라. 갈릴리와 데가볼리와 예루살렘과 유대와 요단강 건너편에서 허다한 무리가 좇으니라"[마 4:23~25].

선생은 사오백명의 병자를 위해 매일 두세 시간씩 따로 정하고 각양 병자데게 일일이 안수기도 하였는데, 매일 새벽기도회 때마다 병고침을 받았노라고 증거하는 자가 남녀 합하여 수백 명에 달하였더라. 그러나 그중 특별한 자의 형편만 기재하느라.

1. 송화군 풍해면 성상리 한치화 씨의 아내 오 씨 인화 54세는 거금距今(지금으로부터 거슬러 올라가서) 5년 전에 요통腰痛이 발하여 백방으로 치료하되 효험을 보지 못하고 오랫동안 신고辛苦한(몹시 고생한) 결과로 허리가 구부리고 펴지 못하게 되어 행보할 때와 앉을 때까지라도 항상 땅을 내려다보고 머리를 들지 못한 지가 사오년 동안이나 된지라. 이때

에 선생이 은율읍에 오셨다는 소식을 들은 오 씨는 '나도 한번 기도를 받으면 곧 나으리라' 믿는 마음이 격발하여, 우차를 타고 은율을 넘어가서 선생에게 자기의 곤고한 정형을 일일이 고하고 안수기도를 한 번 받은즉, 곧 허리를 펴게 된지라. 기쁨을 이기지 못하여 걸어서 본 집에 돌아가서 온 교회 안과 이웃에 증거하고 영광을 하나님께 돌리매, 이것을 친히 본 허다한 병자들이 떼를 지어 은율읍으로 향하여 가는 자 많더라. (사진 5)

2. 동리소里(같은 동네) 박승현 씨의 아내 구도현 45세는 25년 전부터 탈음脫陰되어 은근히 고민하는 중에 있었더니, 이때에 선생에게 두 번 안수기도를 받고 온전히 나은 은혜를 받았으니 그의 기쁜 마음은 한량없더라. (사진 6)

3. 동리소里 장순오 씨의 아내 김순복 30세는 4년 전부터 자궁병으로 신고辛苦하는 중 백약이 무효이더니, 이때에 선생에게 한번 기도를 받은 후에 즉시 나음을 받았더라.

편집자는 동년 11월 2일 오후 3시에 사진사와 같이 가서 이상 삼씨三氏(세 명)의 사실을 묻고 한곳에 모아서 촬영하였느니라.

4. 동리소里 임택서 씨의 아내 전택신 33세는 1년 전부터 반신불수병으로 고생을 많이 받았더니, 이때에 또한 이 소식을 듣고 와서 선생에게 한번 기도를 받은 후 곧 완전

하여, 기쁜 마음으로 자기의 어린아이를 업고 40리나 되는 본 집을 걸어서 돌아갔더라. 전 씨의 고모는 전 씨를 보낸 후 그날 밤 꿈에 자기 사랑하는 전 씨가 완인完人(병이 완전히 나은 사람)이 되어 돌아왔다는 말을 듣고 놀래어 깬즉 한 꿈이라. 이것이 '과연果然(정말)'이면 좋겠다 하며 기쁨으로 고대하더니, 과연 완전한 몸으로 돌아온 전 씨를 만나서 꿈이 응험應驗함(드러난 징조가 맞음)을 설파하며 기뻐하였더라. 그러나 섭섭한 것은 전 씨가 전신이 완전한 후 2개월 동안이나 농사를 부지런히 하는 중 믿는 마음이 자연 타락하여 3주일이나 범하고 목사의 권면까지 듣고도 종시 회개치 아니하더니, 그 증세가 다시 발하여 지금은 조금도 개신改新치 못하니 이는 주꺼서 훈계하신 말씀에 "네가 나았으니 다시는 죄를 범하지 말고 큰 증세가 발할까 염려하라"[요 5:14] 하신 말씀을 믿지 아니함일러라. 편집자는 이 병이 갱발更發(재발)한 당시에 사실을 조사하러 갔던 고로 촬영하지 아니하니라.

5. 은율군 일도면 장통리 김종렬의 아내 김결각 35세는 1년 전부터 두통이 심하며 사지에 기력이 점점 쇠하여 전신을 자유로 운동하지 못하매, 예배당에도 출석하지 못하고 머리 빗는 것과 옷 입는 일까지 남의 힘을 의지해야 하므로 말할 수 없는 괴로움을 당하던 차에, 선생이 은율

로 오신 소문을 듣고 믿는 마음으로 우차를 타고 와서 수차 기도를 받은 후 병세가 현저히 차감이 되어, 기쁨으로 집에 돌아가 주방 일도 보살피며 침자針子(바느질)도 하며 5리쯤 되는 예배당에 걸어 다니기는 하나 아주 완전하지 못함을 한탄하더니, 그 후 진남포 교회 부흥회 때에 선생을 따라가서 다시 기도를 받고 자기도 한 주일 동안 열심히 기도한 결과로 영영히 완전함을 받아 기쁜 마음으로 주의 권능을 증거하더라. 편집자는 동년 11월 3일에 김 씨를 찾아가서 조사하여 보고 촬영하였느니라.

6. 송화군 읍내리 오문호의 장녀 기연 18세는 9세 되던 때로부터 얼굴과 온몸에 좁쌀 알 같은 것이 돋으며 심히 가려워서 긁으면 곧 그 자리에서 누르스름한 물이 흐르며 종기와 같이 되어 없어지지 아니하고 온몸이 다 이와 같이 되어 심히 괴로울 뿐이 아니라, 얼굴의 추함을 견디지 못하여 그 부모는 심히 염려하며 무수히 치료하여 보았으나 조금도 효험이 없었더니, 은율읍 노회 시에 선생에게 수차 기도를 받았는데 그 기도를 받을 때에 온몸에 그 가렵던 곳은 별안간 심히 아프더니, 그 후에는 곧 그 상처들의 빛이 붉은빛으로 변하여 점점 없어지더니 지금은 완전히 깨끗함을 받았더라.

7. 동군同郡 낙산면 무당리 김진숙의 아내 송제원 48세

는 지금부터 15년 전에 탈음脫陰이 되어서 다른 사람이 알지 못하는 병으로 은근히 고생을 하며 근신으로 지내왔더니 은율노회 시에 선생에게 기도를 받을 때에 온몸이 갑자기 아파서 견딜 수 없더니, 그 후 집으로 돌아온 지 8일이 지나서 곧 깨끗하고 완전함을 얻었더라.

8. 동군소郡 읍내는 815번지 김 씨 수정 37세는 6년 전 7월 23일에 식체食滯(격은 것이 체함) 모양으로 중병이 나서 음식을 전폐하고, 수삭數朔 동안 고생하는 중에 본 읍 병원 의사 서광호 씨에게 4삭朔 동안 치료를 받았는데, 음식은 조금씩 기계로써 뒤로 넣어서 보명保命(목숨을 보전함)해 가며 치료하여 적이(꽤 어지간하게) 대증對症은 멎었으나, 매년 7월경에는 복발復發이 되어(병이 다시 일어나) 전과 같이 음식을 전폐하고 문밖이도 출입하기 불능하며 무한히 고생됨으로 견디지 못하여 작년 3월에 경성 총독부병원에 가서 1삭朔 동안 치료를 받으며 치료비를 40~50원 허비하였으나 조금도 차도가 없음으로 낙심하고 돌아오는 도중에 기차 가운데서 선생을 만나 뵈옵고 자기가 병으로 고생하는 사유를 선생에게 고한즉, 선생은 말씀하시기를 "하나님께 자기의 병이 낫기 위하여 기도하라"고 권면하셨더라. 그 후에 선생이 본댁에 계신 소문을 듣고 신천읍으로 건너가서 3, 4차를 기도하고 본 집으로 돌아와 있더니, 그 후부터 오늘

까지[1921년 1월]는 무슨 음식이든지 달게 먹을 뿐 아니라, 기력이 매우 강건하고 또 매일 삼시로 먹는 음식이 항상 부족하여 식 때를 기다린다 하더라. 본 명증회 조사 윤여현 씨가 조사차 갔을 때에 동 씨는 그 하나님의 은혜에 감사함을 말할 수 없노라 하더라.

9. 동군小郡 무당리 조달선의 아내 강택선 51세는 3년 전부터 우연히 하혈증이 생겨서 얼굴에는 누런빛을 띠고 전신은 파리하여 심히 중한 병이라. 이도 역시 서광호 의사에게 문증問症을 한즉(증세를 물은 즉) 서 씨의 말씀은, "이는 소위 자궁암종이라 하는 병인데 능히 고칠 수 없다" 하므로 크게 낙심하여 집으로 돌아왔더니, 작년 6월 30일에 선생의 본댁을 찾아가서 수차 기도를 받으며 생각하기를 '지금은 곧 나음을 받으리라' 믿더니 과연 깨끗함을 받았더라. 편집자가 작년 11월에 촬영하러 갔을 때에 서광호 박사를 만나서 이 부인의 일을 말씀한즉 서 씨의 말씀이 "이것은 참 이상한 일이라" 하더라.

이상 여러 가지 이적이 있기 전 곧 부산 부흥회 후에 『동아일보』 제58호에 김 목사의 이적이라는 제목하에 벙어리가 말을 하고 앉은뱅이가 걸어가게 된 사실이 있다고 보도하였더라. 그러나 우리 일반 교역자들은 이 일보에 기재된 것을 정확히 믿지 못하였더니, 금번 황해노회 회집 장소에서 이러한 사실을 목격한 노회 회원들은 믿는 마음과 감사한 생각이 격발激發하여(격렬히 일어나) 목사 오득인, 장홍범, 류만섭, 김용승, 임택권, 장로 장의택, 이턱주 제씨諸氏(여러 분들)의 발기로 이적명증회라는 한 회를 조직하고 위치는 황해도 노회 내에 두게 되었더라.

이적명증회 취지서

옛적 우리 구주 예수 그리스도께서 3년 동안 전도하실 때에 기사 이적을 많이 행하심은, 당시 인민이 예수께서 하나님의 독생자이심을 깨닫지 못하고 천국의 오묘한 교훈을 믿지 아니함으로, 하나님의 권능을 특별히 나타내사 병을 고치며 사귀를 내어 좇으며 죽은 자를 다시 살리는 이적과 바다와 바람을 구짖으시며 떡을 먹이는 등의 기사를 행하여 패역한 세대로 하여금 하나님의 권능을 목도하고 예수를 신뢰케 하셨으며, 그 후 사도에 이르러서도 주님의 동일한 이적을 여러 번 나타낸 것은 성경이 명증한 바라.

요요蓼々(오랫동안 잠잠하게 이어져 내려온) 수천 년간에 기독교의 발전이 땅끝까지 미쳐 자못 성황을 이루었다 할지나, 현세 과학이 날로 나아가고 민지民智(사람들의 슬기나 지혜)가 점점 열림에 따라 성경의 진리를 그릇 생각하고 망령되이 해석하여 사의私意(개인의 의견)와 학설에 부치는 자도 있으며, 하나님의 권능을 믿지 아니하고 세지世智(세상 지혜)로 억단臆斷하여(근거 없이 판단하여) 참신의 위엄과 사랑을 경히 보는 자가 많으니 개탄할 바로다.

하나님께서 우리 조선반도의 민족을 권고하심으로 그리스도교를 신봉한 지 이미 37~38년간에 교회의 왕성함과 신도의 전진함은 실로 삼위三位의 은혜에 감사할 따름이거니와, 본도(황해도) 신천읍내 장로교회 목사 김익두 씨는 이미 주님의 사명을 받아 사역한 지 수십 년에 종종 영적靈績(영적인 성과)을 발표하여 권능 목사라는 아름다운 이름까지 얻었더니, 특별히 금춘今春(올봄)부터 병 고치는 이적을 많이 행하였는데 경상남북도와 평안남북도와 황해도 등지에서 현대 의약으로 치료치 못할 자를 안수 기도함으로 전쾌全快(완쾌)한 자가 거의 수백 명에 달하였으니, 그중에 특이한 자를 말하면 곧 앉은뱅이가 걸으며 벙어리가 말하며 소경이 보며 귀머거리가 들으며 등곱쟁이가 펴지며 반신불수가 완전하며 17년 혈루병자가 곧 낫는 등 일일이 믿기 어려운 이적을 나타내신지라. 이로 말미암아 우리는 주 강생 1,900여 년 후 금일 조선에 났으나 1,900여 년 전 유대국에 도성인신道成人身하신(말씀이 육신이 되어 오신) 주께서 친히 행하시던 이적을 다시 눈으로 보고 손으로 만질 뿐 아니라, 겸하여 믿는 자에게는 능치 못함이 없다 하신 성훈聖訓(성스러운 교훈)과 의로운 사람의 간구는 운동하는 힘이 많다는 말씀이 과연 진실하신 하나님의 말씀인 줄을 더욱 확신하게 된지라.

진리의 말씀을 세상 학설에 부치며 하나님의 권능을 마음 가운더 의심하여 두던 자여, 주님의 때가 가까웠으니 참 회개하고 주님을 독실히 믿을지어다. 하나님께서 이와 같이 약소한 우리 조선에 이러한 이적을 주신 것은 당시의 경륜을 이루고자 하심이니, 첫째는 조선 교회는 미신적이라 오해하는 자의 두뇌를 깨뜨리고자 하심이요, 둘째는 조선 교회는 모범적으로 신령한 신앙됨을 세계에 표창케 하심이라. 그런고로 우리는 이에 한 회를 조직하여 다못(다만) 김 목사로 말미암아 나타난 이적뿐 아니라, 30여 년간 조선 교회 내에 많이 드러난 이적을 일일이 조사 수집하여 하나님의 권능은 예와 이제가 다름이 없는 것을 명증明證(명백하게 증명)하고, 만 천하 후세와 또한 조선 내에서 성경의 이적을 믿지 않는 자들로 깨닫고 회개하게 하며, 우리 조선 예수교회에 역사적 광휘光輝(눈부시게 훌륭함)를 표창케 하기 위하여 본 회를 발기하고 취지를 공포함.

구주강생 1920년 7월
황해노회 내 이적명증회 발기인
목사 임택권, 오득인, 김룡승, 장홍범, 류만섭
장로 장의택, 이택주

동아일보 제58호 번등飜謄(번역하여 베낌) (1920년 5월 30일 자)

"김 목사의 이적 – 벙어리가 말을 하고 앉은뱅이가 걸어가"

황해도 신천군 읍내 교회 목사 김익두 씨는 지난 5월 17일에 부산에 도착하여 부산진교회에서 부흥회로 1주일간 모였는데, 그동안 크게 재미있고 성황으로 지낸 중에 특별히 놀랄만한 일이 있다. 김 목사의 안수기도로써 앉은뱅이를 걷게 하였는데, 그 병고침을 받은 자는 부산진 좌천동 446번지 김낙언의 아들 두수 8세인데 낳은 지 8개월 만에 우연히 앉은뱅이가 되어 8년 동안을 서지 못하고 이 세상을 슬프게 지내왔더니, 마침 김 목사가 부산에 온 후 우연히 기어서 예배당을 찾아왔다가 김 목사 곁에 앉았으므로 김 목사는 그 아이가 병으로 고생하는 것을 불쌍히 여겨 안수기도한 후, 그 아이는 즉시 일어나서 걷게 되었으므로 그 기뻐함은 오히려 말로 다 할 수가 없고, 오늘도 여전히 걸어 다니는 것을 본 사람마다 목사에게 칭송이 자자하며 신도가 더욱 많아졌으며, 김 목사는 이번에 남방南方으로 와서 이적과 기사를 많이 행하는 중 밀양군 교회에서는 18세 된 여자 벙어리를 고쳤고, 각 지방에서 병 고친 수효가 22명은 전부 낫게 하였고 18명은 반이나 낫게 하였다는 풍설風說이 있다더라." [부산]

『동아일보』 종終(끝)

## 제8회 흥수원교회의 부흥회

동同 8월 6일부터 11일까지 봉산군 흥수원교회에서 그 본교회 목사 이종근 씨의 인도함으로 선생을 청하여서 부흥회를 열었는데, 사오백 명 회중 가운데 다수는 각처에서 찾아온 병자이더라. 시각을 따라 공부하는 거룩한 말씀과 저녁마다 열리는 성대한 강설회로 말미암아 회중에게 내리는 신령한 은혜는 가치 큰 가뭄에 마르고 마른 굳은 토지에 풍족한 단비가 내리는 것 같아 사람마다 그 영혼의 소생함을 흡족히 받았는데, 겸하여 수다한 병자들은 고침을 받고 기뻐 뛰며 주님의 은혜를 찬송하니, 이는 과연 어두운 골짜기에 비추이는 큰 빛이 되어 일반 신도들의 마음에 큰 감동과 반성을 일으켰느니라. 이때로부터 본 증명회는 편집부를 두고 각처에서 되는 사실을 탐문하여 조사하고 병고침 받은 자들의 확실한 사실을 기록하며 또 사진하기를 시작하였느니라

동同 11일에 편집자는 은율에서 재령을 향하는 역로歷路(지나가는 길)에 잠시 이 부흥회에 참여하였는데 여러 병자가 고침을 받았노라 증거하였으나 특별한 일은 별로 많지 아니하였고, 그 시에 흥수원 주재소住在所(일제강점기 순사가 근무하던 경찰 말단 기관)에서는 순사를 보내어 병고침 받은 자들의 주소 성명을 기록하라 하였는데, 그 일에 응낙하여 기록한

자가 수십 명이 되었느니라.

평산군 문무면 문구리 안 씨 막득의 손녀 최아지 10세는, 4년 전에 중병이 들어 많은 고생을 지내온 결과로 우편 다리가 꼬부라져서 임의로 쓰지 못하게 되어, 경성 총독부병원에 가서 4삭朔 동안이나 치료를 받되 조금도 효력이 없음으로 집으로 돌아와 무한한 고생과 슬픔으로 지냈더니, 근처 사람에게 하나님의 권능의 소문을 듣고 믿을 마음이 발한 그 조모祖母 안 씨가 사랑하는 손녀를 데리고 수십 리 되는 흥수원을 찾아와서 어떤 날 여러 사람이 기도를 받을 때에 이 아이도 같이 기도를 받았더니, 마침 기도를 받을 때에 하나님의 능력이 나타나 고쳐주심을 받아 그 다리가 여상如常하여(평소와 다름없이) 잘 걷게 되었으므로, 그 조모는 이것이 참인가 혹 꿈속이 아닌가 할 만큼 이상스럽고 감사한 마음을 얻었다 하더라.

또 동리小里 최덕호 씨의 여식 최화선 5세는 1년 전 열병으로 4삭朔 동안을 고통 하다가 자연 복막에 고통이 생겼으므로 의사들의 진찰을 받은즉 고칠 희망이 없다 함으로 그 부모들은 낙심 중에 애통하더니, 이 부흥회의 소문을 들은 최덕호 씨는 그 딸을 업고 와서 수차 기도를 받은즉 곧 완전히 나아서 음식을 잘 먹고 아주 깨끗하게 된지라. 최 씨는 심히 기뻐서 수백 명 회중 앞에서 증거하며

"내가 지금은 하나님의 권능을 확실히 믿노라" 하더라.

이것은 이 부흥회가 지난 지 수삭數朔(몇 달) 후에 흥수원 교회 목사 이종근 씨가 조사하여 보낸 것인데 본회는 다시 후고後考하지(나중에 고찰하지) 못하였느니라.

안악군 안곡면 장월리 안정찬 22세는 어린아이 때부터 귀에 병이 나서 수십 년 동안을 고생하였는데, 그 귓속에는 항상 고름이 가득 차서 있고 또 항상 더러운 물이 흘러 심히 괴로울 뿐 아니라 말도 잘 들을 수 없더니, 이때에 흥수원을 찾아와서 선생의 안수 기도를 받은 후에 곧 완전히 나음을 받고 무한한 영광과 감사를 하나님께 돌리더라.

## 제9회 사리원에서 38년 고질痼疾이 낫고 앉은뱅이가 걸어 다님

동년 8월 13일부터 한 주일 동안 봉산군 사리원 교회에서 선생을 청하여 부흥회를 열었는데, 개회하는 전일부터 원근 각처에서 구름같이 모여드는 무리가 사오천 명에 달하였는데, 그중 다수는 병자이더라. 예배당 안과 바깥 뜰에 가득하고 담장 위와 지붕 위에까지 올라가서 강설을 듣는 자가 많으며, 예배당 대문 밖에는 음식점과 실과實果(과일) 장사들이 모여들어 임시 시장을 개설하게 되었으니, 참말 이곳은 인산인해를 이루었더라.

　매일 오전 오후에 남녀를 분반하여 본 교회 목사 오응식 씨와 동군小郡 선산교회 목사 이기영 씨와 재령읍 서부교회 장로 김룡선 씨가 체번替番하여(번갈아 가며) 전도 강설로 회중의 신앙심을 고동鼓動(고무)시키고, 선생은 매일 새벽기도회와 오전에 직분에 따른 공부 인도와 오후와 저녁마다 강설회를 인도함에 만장滿場(회장에 가득 모인) 회중이 큰 감동을 받아서 한편에서는 찬송하는 소리, 한편에서는 회개하는 울음소리가 끊이지 아니하더라. 선생은 허다한 병자를 위해 침식을 잊어버리고 신령한 양식을 베푸시고 난 후의 여가를 따라 밤낮으로 열심 기도하나, 미처 통과하지 못함으로 그 기도 받기를 갈망하는 정형과 몸을 옹위하여 다투어 붙잡는 형편은 주님 당시와 방불하더라.

　매일 새벽마다 일어나 증거하는 자 수백 명씩 되었는데 동同 19일 새벽기도회 끝에 여러 증거하는 사람들의 틈으로부터 한 늙은 부인이 한 아이를 안고 강대 곁으로 와서 그 아이를 강대 위에 일으켜 세우고 수무족도手舞足蹈하며(손을 흔들고 발을 구르며) 감사하는 말이,

　"이는 나의 손자인데 금년이 11세라. 네 살 때에 행보를 시작하고자 하다가 과연 그러하지 못하고 3년간[곧 7세에 이르기까지]을 기어 다니더니 7세에 이르러서는 기

지도 못하고 오늘[곧 11세에 이르기까지]까지 그 다리를 일으켜 세우고 엉덩이는 땅에 대이고 두 손으로 땅을 긁으면서 앉아 다녔습니다. 나는 이 아이를 위해 각처 의사의 치료를 받았으며 나중에는 평양 기홀병원에도 가서 진찰을 받고 약을 많이 썼으나 조금도 효력이 없었는데, 이곳 부흥회에 김 목사가 오셔서 하나님께 기도함으로 극히 어려운 병자가 많이 고침을 받는다 하기에, 나는 어제 믿는 마음으로 이곳에 와서 어젯밤에 예배당 안에서 김 목사에게 안수기도를 받고 여관에 돌아가 평안한 마음으로 자더니, 새벽 종소리에 깨어 일어난즉 이 아이는 곧 일어서 걷게 되었습니다" 하고 찬송을 하는데, 이 아이는 곧 강대 위에서 임의로 걸어 다니는지라.

예배당 안팎에 가득한 무리는 어린 듯(황홀하게 도취된 듯) 미친 듯 박장하는 소리가 집이 떠나갈 듯할 동시에 한편에서 또 한 노인이 뛰어나오며 "나도 증거하겠소" 하더니, 무엇인지 전대錢袋(돈 자루)와 같은 것을 들고 또 한편 손에는 솜 조각을 들고 큰 소리로 말을 한다.

"나는 안악군 용문면 동창시에 사는 최석황이올시다. 금년이 62세인데 25세 되던 해부터 우편 옆에 종기가 나서 그것이 오래도록 낫지 아니하고 고생하던 중 몇 해가 지나도록 낫지 아니한즉, 필경은 그 종처腫處(부스럼이 난 자리)

가 내장까지 범하게 되어서 구멍이 생기며 그래서 항상 더러운 물이 안으로부터 나오며, 혹 어떤 때에는 그 구멍으로 회충과 혹 참외씨와 고추씨 같은 것도 나오며 항상 더러운 것이 나오는 고로, 그 고생됨과 누추함을 견딜 수 없이 지내어 오기를 오늘까지 38년 동안이나 지내오더니, 이번에 선생의 기도를 받고자 하여 이곳으로 와서 기도를 받은 후에 좀 나은 것 같은 생각이 있어서 다시 두 번을 기도 받았더니, 지금은 곧 이와 같이 봉피封皮가 되었고(상처가 나아서 아물었고) 아무것도 나오지 아니하니, 나는 38년 만에 오늘에야 이 더럽고 끈끈하던 전대와 솜 조각을 풀어버리게 되었소이다. 이것이 어찌 하나님의 은혜가 아니오리까? 나는 수십 년 동안 예수를 믿다가 23년 전부터는 믿음을 잃고 때마다 주일도 범하고 기도도 잘 아니하였더니 지금은 회개하겠나이다" 하더라.

이와 같이 앉은뱅이가 행보함과 38년 고질자痼疾者(오래된 병자)의 증거하는 소리가 한번 들리매 수천 명 되는 회중에는 박수 소리가 진동하는데, 선생은 찬송가 1편 37장의 후렴을 부른다. "찬송합시다. 찬송합시다. 내 죄를 씻으신 주 이름 찬송합시다"를 열심으로 일반 회중과 같이 부른 후에 말씀하기를 "이와 같은 영화로우신 하나님의 복음을 전하기 위하여 연보를 드립시다" 하니, 회중에서 월자月子

(예전에 여자들은 머리숱이 많아 보이라고 덧넣었던 딴 머리)와 지환指環(가락지)과 패물 등을 드리기 시작하매, 미처 수습할 겨를이 없이 어린 듯 취한 듯 자원하여 연보하니 당장에 연보된 것이 수백 원이고 월자와 지환이 수백 쌍이더라. 편집자는 동일 오후 2시에 사리원교회 학교 마당에서 앉은뱅이였던 아이와 38년 된 병의 고침을 받은 최석황 씨의 사진을 박으려(찍으려) 할 때에, 수천의 회중은 하나님께 영광을 돌리고 조선인 경관 두어 사람도 이를 보고 다만 이상한 일이라고 "이상하다, 이상하다" 할 뿐이었느니라.

이때에 겸하여 한 일이 시작된 것이 있으니, 이는 곧 연보할 때에 월자를 풀어 드린 부인 수백 명은 하나님의 복음을 위하여 월자를 드렸으니, 이후에 영영히 월자를 쓰지 아니함으로 하나님께 영광을 돌리고 또 조선 부인계의 머리 풍속도 개량하겠다고 결심함으로 그 결심을 기념하기 위하여 일동이 촬영하니, 이는 곧 황해도 재령, 봉산, 신천, 안악, 은율 각 군에 쪽머리가 유행하기 시작된 것이니라. [이전에는 황해도 풍속에 천한 창기나 사람의 집에 노복奴僕(하인)이 아니면 쪽머리를 하지 아니하였느니라] (사진 9)

이 앉은뱅이였던 아이는 황주군 영풍면 냉정리 장서붕 씨의 아들 인수인데, 평양 제2차 부흥회 때에 장대현 예배당에서 편집자는 그의 부자를 만나니 서붕 씨는 기쁘게 인사하며 말하기를, "저의 자식은 지금 동리 교회학교에 다니며 공부를 합니다" 할 때에 인수는 벙긋벙긋 웃으며 편집자 앞에 섰더라. (사진 7, 8)

이밖에 본 군 사인면 명류리 오택순 씨의 딸 진익 4세는 3삭朔 전부터 우연히 전신불수가 되어 온 집안이 경동驚動하여(매우 놀라) 백방으로 치료하되 종시 차도가 없더니, 이번에 이 아이를 데리고 와서 선생의 한번 기도를 받은 후에 곧 전신에 맥이 잘 돌아서 현저히 나음을 얻어 기쁨으로 증거하고 본 집에 돌아간 후 얼마 동안 일어서기도 하며 걷기도 하더니, 지금은 건전한 아이가 됨으로 믿음이 타락한 중에 있던 그 아이의 조부모가 회개하고 온 집안이 하나님의 은혜를 찬송하며 기타 외인外人들까지라도 하나님께 영광을 돌리더라.

이상 몇 가지 이적이 나타난 중 특별한 이적은 수천 명 중 병자들이 좁은 장소에 가득히 차서 서늘한 가을밤 뜰에서 거처하되, 별로 병 증세가 더한 자는 하나도 없고 도리어 기쁨이 충만한 기상을 띄고 한 주일 동안을 지내어 보내게 되었으니, 과연 주님의 은혜와 능력이 미치신 아래는 위생 여부도 관계가 없는 줄을 깨닫겠더라.

경계警誡(경고하고 훈계함)

하나님의 무한하신 사랑과 큰 권능으로 38년 된 고질이 나음을 얻은 최석황 씨는 그때에 곧 자기 본 집으로 돌아가서 자기가 사리원 부흥회 마당에서 증거하던 것을 의지하여 예배당에 잘 다니며 열심으로 주를 섬기니, 두어 달 동안은 깨끗한 몸과 평안한 마음으로 지내었더라. 차차로 병 고침 받은 날이 멀어 가고 몸이 강건하여진즉, 자연히 마음이 게을러지고 세상일의 분주한 것을 따라서 주일 장날을 당하여 다시 이전과 같이 주일을 범하며 또 자기의 기력에 감당하기 어려운 일을 하더니, 한 날은 감기와 같이 자리에 누워 앓다가 곧 그 고침을 받았던 자리가 다시 아프며 그 고질이 재발하였으니, 심히 가긍(可矜)하고(가엽고) 통분하도다. 이는 곧 받은 은혜를 스스로 내어 버림이니, 어찌 두렵지 아니하리오. 저가 하나님을 속이는 줄로 생각하였겠지마는 자기가 스스로 속음이 아니랴. 세상에서 죄를 지으며 스스로 생각하기를 '하나님이 아무것도 모르신다' 하는 자여, 너의 영혼의 벌 받음이 이와 같은 줄을 알지어다.

### 재령에 별(別)(특별한) 은혜

나면서 외뚤발이(발이 심하게 뒤틀어진 사람)된 아이가 완전히 낫고 칠십 노인의 어둡던 눈이 곧 밝아졌도다.

동(同) 8월 20일 오전 10시에 자동차로 선생이 재령읍을 지나신다 하는 소문이 전파되니, 이는 곧 선생의 본 교회인 신천읍 교회의 하계 사경을 위하여 사리원으로부터 지나시는 노정路程이더라. 소문과 같이 10시에 자동차로 재령읍에 도착하매, 따르는 사람이 너무 많음으로 가만히 은신하듯 하여 재령읍 수창리 신상근 씨 댁 2층 방으로 들어가셨더라. 그러나 어떻게 알고 오는지 불과 몇 분 동안에 병인 수십여 명이 찾아와서 문밖에 가득 찼으니, 부득이 점심을 잡수실 겨를이 없이 기도를 시작하였더라.

그 기도 받는 중 한 아이가 있으니, 이는 곧 나면서부터 왼편 발이 뒤틀려서 발바닥은 하늘을 가리키고 엄지발가락은 안쪽 복숭아뼈를 향하여 꼬부라져서 붙었고 일어서서 다니려면 발잔등(발등)으로 다니게 된지라. 지금 나이 아홉 살인데 세 살 될 때까지는 일어서지도 못하고 앉아서 기어 다니는 고로, 그 집 부모들은 너무 슬퍼하고 그 조모는 너무 기가 막혀서 의사에게 물어본즉, "나면서 그렇게 된 것은 고칠 도리가 없다" 하니 다시 할 일이 없어서, 그 아이가 잠잘 때마다 발을 가만히 잡아당겨서 조금씩 펴인 후에 무슨 막대를 대고 노끈이나 수건 같은 것으로 처매고 자게 하였더라. 그러나 참말 이것은 천연天然(타고난 것)이라. 어찌 펴지리요. 맨 것을 풀어놓으면 여전히 꼬부라져 있었다. 네 살 먹는 때에는 겨우 일어서기는 하였으나, 발이 꼬였으니 부득이 발잔등으로 걷기를 시작하여서 지금[9세] 까지 지나온 고로 그 발잔등이가 발바닥 대신을 하였으니, 마치 수레를 많이 끄는 소의 목이 굳은살이 되는 것같이 이 아이의 발잔등은 굳은살이 되어 주먹 같은 봉퉁이가 생겼더라.

그 조모는 34년 전부터 주를 믿는지라. 김 목사님이 오시면 기어이 기도를 받으리라 결심하고 고대하더니, 과연 이때에 곧 먼저 들어가서 두 번째로 기도를 받았더라. 기도 받고 나올 때에 그 아이는 조모보다 먼저 걸어가며 동무 아이들을 보고 말하기를, "나는 지금은 발이 나아서 걸어간다" 하더라. 집으로 돌아온 후에 그 아이의 모친이 그 발을 보더니, "마침 이 아이의 발이 나으려 한다. 그 엄지발가락이 많이 펴졌소이다. 나는 내일 아이를 데리고 신천으로 가서 한 번 더 기도를 받겠다" 하더라. 그 이튿날[8월 29일] 일찍이 떠나 아이는 우차를 태워서 신천으로 건너가 예배당에서 한 번 기도를 받고 밤을 지냈는데, 아침에 보니 그 발은 곧 펴져서 발바닥으로 걷게 되었다. 참 기쁘고 감사함으로 "이제는 나았으니 돌아가라" 하니, 아이는 벌써 "나는 지금은 먼저 걸어가겠노라" 하며 달음질로 뛰어나가니, 그 모친은 너무 기뻐서 자기의 발이 땅에 닿는지 공중에 떴는지 알지 못하도록 기쁘게 돌아오는데, 마침 전날 밤에 비가 내려서 길은 매우 험하더라. 그러나 이 아이는 먼저 앞에 서서 30리나 되는 재령읍 본 집으로 거침없이 돌아왔는데, [전에는 그 조모를 따라 근처의 예배당에 한 번 갔다만 오더라도 그 발잔등이 돌에 찔려 아픈 것을 견디지 못하여 심히 고생하였다 하더라] 지금은 아주 완전하여졌으니, 편집자가 조사하러 갔을 때에 처음으로 보는데 어느 발이 병신 되었던 발인지 얼른 보아서는 알 수 없더라.

할렐루야, 신기하다. 이 어떠한 이치인고. 나의 눈으로 참 하나님이 보여주시는 기사奇事를 보도다. 주님의 말씀을 생각하니, "예수 대답하시되 이 사람이 죄를 범한 것도 아니요 그에게서 하나님의 하시는 것을 드러내고자 하심이라"[요 9:3] 하셨더라.

이 아이는 재령읍 신대리 박제호 씨의 둘째 아들 형모이더라. 하나님의 권능과 이적을 의심하는 자여, 심리心理에 부치고자 하는 자여, 이것을 찾아와서 보고 믿으라 하노라. (사진 10)

또 동시에 재령읍 동부교회 목사 김룡승 씨의 모친 김신근은 큰 은혜를 받았는데, 이 노인은 당년이 63세인데, 거금距今 40년 전부터 수전증手顫症이 있어서 항상 수족이 떨려 사람 앞에서 부끄러운 때가 많이 있었고, 3년 전부터는 더욱 심하여 좌편 손은 아무 물건이라도 잡을 수가 없도록 떨려서 심히 민망히 지내었고 겸하여 노인의 고로 몇 해 전부터 눈이 어두워서 심히 밝은 낮에라도 돋보기안경을 쓰지 아니하면 큰 글자로 쓴 성경이라도 볼 수가 없었느니라.

이때에 사리원서 하나님의 권능이 많이 나타나신 소문을 듣고 믿는 마음에 너무 기뻐서 생각하기를, '이번에 신천에 가면 더 좋은 은혜를 볼 터이니 친히 가서 구경하리라' 하고, 9월 27일에 두어 부인과 동행하여 걸어가는 노상에서 어떤 부인이 말씀하기를, "형님 오늘 신천 가시거든 그 수전증을 낫기 위하여 기도를 받으시요" 하는지라. 김신근은 얼른 생각하고 그리하겠노라 대답하고, 신천읍에 들어간 후에 즉시 기도를 받고 예배당 후원에 가서 스스로 기도를 하고자 할 때에 갑자기 무슨 막대를 가지고 버티는 모양으로 왼편 어깨에서부터 손끝까지 내려 버티는 듯한지라. 스스로 생각하기를, '지금은 곧 은혜를 입었으니 감사하외다' 하며 기도할 때에 크게 말하기를, "지금 아버지께서 이렇게 은혜를 주시니 감사하외다" 하고 소리 질렀더라. 기도를 마치고 일어날 때에 곧 손과 팔은 평안하여지고 떨리지도 아니하는데, 그 옆에서 같이 기도하던 재령읍 교회 영수 최응관 씨는 묻기를, "지금 기도하실 때에 곧 은혜를 받았노라 말씀하시니 벌써 다 나았습니까?" 묻는지라. 곧 대답하기를 "나는 벌써 나았소이다 지금 평안하외다" 하고, 그날 밤을 지나서 28일 토요일에 본 집으로 돌아올 때에 감사와 찬송으로 충만한 기쁨으로 돌아왔더라.

그 이튿날 주일 밤에 예배당에 올라갔을 때에 책을 가지고 안경을 잊어버리고 갔더니, 예배를 볼 때에 책을 볼 수가 없어서 찬미할 때와 성경 볼 때에 심심히 앉았다가 예배를 필하고 집에 돌아온 후에 심히 탄식하였더라. '내가 은혜를 많이 받았는데, 오늘 밤에는 안경이 없이 가서 성경과 찬미를 보지 못하였으니 이같이 섭섭한 일이 없다' 하였더라. 그 이튿날 월요일에 우연히 집에 앉았다가 옆에 찬송가 책이 있는 것을 잡아다가 펴 보고 싶은 생각이 나서 펼쳐본즉, 안경을 쓰지 아니하였지마는 이전에 안경을 쓰고 보는 것보다 도리어 분명한지라. 갑자기 이상한 마음이 나서, '아 하나님이 지금 나의 눈을 밝게 하셨구나' 하고, 집안 사람에게 광포廣布(널리 알림)하니라. 그날부터는 아무 책이라도 볼 수가 있는 고로 기쁨으로 생각하기를, '지금 내 눈이 밝았으니 안경을 쓸 필요가 없다' 하고 자기의 안경은 타인에게 주었고, 지금은 비록 가늘게 쓴 책이라도 안경 없이 잘 보게 되었더라.

이 일과 같은 때여 또 한 가지 일이 있었으니, 그 일이 온 재령읍 교인에게 크게 증거가 되었느니라. 동 읍내 남정리 손영모 씨의 장녀 손선비 16세는 4세 되던 해 7월에 우연히 우편 다리가 아프기 시작하여 주야로 쉬지 아니하고 앓는 것을 3년 동안이나 지내었더니, 필경은 일어서지 못하고 겨우 일어나 앉아서 무릎을 세우고 앉아서 방안에서나 운동하더니, 그 후에 또 수년을 지난즉 이따금 이따금 아프기는 하지만 겨우 무릎을 두 손으로 짚고 절반만치 일어서서 문밖 출입이나 하며 4~5년 동안을 지내왔더라. 그 두 넓적다리가 우편 배 옆으로 붙어서 조금이라도 뗄 수가 없더라.

이 아이는 동네 사람들에게 선생의 소문을 듣고 그에게 기도를 한번 받고자 하나 그 부친이 완고하고 믿지 않는 사람인데 이러한 같은 헛된 소문이라 하며, "부녀들이 공연히 떠드는 말이니 쓸데없다" 하고 굳이 막는 고로 이 아이는 할 수 없이 집에 있으나 항상 그 마음에는 사모하였더니, 선생이 신천 본 집에 계시고 재령읍에서 여러 사람이 기도를 받으러 간다 하는 소문을 듣고 마음이 더욱 운동이 되어 견딜 수 없이 주야로 음식을 먹지 아니하고 울었더라. 그 부친은 할 수 없이 그 아이의 신천까지 가는 허락을 주고 7월 24일에 우차에 태워서 보냈더니, 가서 9

일 동안 기도를 받되 조금도 낫지 아니하고 오히려 점점 아프기를 시작하는지라. 마음에 심히 답답하고 또 부끄러운 생각이 나서 돌아오며 생각하니, '같이 갔던 다른 사람은 병이 나아가지고 돌아오는 자가 많은데 나는 어쩐 일인고' 하며 '이후에 다시 기회만 있으면 기도를 받으리라' 하더니, 집에 돌아온 후에 우연히 지팡이를 짚고 일어서니 행보하기가 전보다 헐歇하여(수월하여) 졌느니라.

1삭朔을 지나 8월 20일에 두 번째 신천에 가서 한번 기도를 받고, 동 27일에 본 읍으로 돌아온 후 그다음 주일은 곧 지팡이를 내던지고 완전히 걸어서 예배당에 가게 되었느니라. (사진 10)

이러한 사실들이 편집자의 현시現時(지금) 거주하는 재령읍에 있었으나 이때까지 알지를 못하였다가, 오늘 곧 1921년 1월 21일에야 얻어듣고 일일이 조사하여 보고 본읍(재령읍) 안릉 사진관에서 촬영하고, 그다음 23일 주일에 외뚝발이 되었던 박형모는 본읍 서부교회 수백 명 교우 앞에서 증거하였느니라. 이로부터 재령읍의 일이 크게 증거가 되었으니, 만일 본 회의 사업으로 이 같은 일을 기록하여 증거하지 아니하면 수년이 지나지 못하여 이러한 하나님의 영광이 세속 가운데 묻히고 말 것을 더욱 통쾌히 깨달을지라.

그 후 동 8월 31일에 선생은 신천 본댁으로부터 전라북도 전주 부흥회를 인도하러 가시는 길에 잠깐 재령읍에 들려서 하룻밤을 지내셨는데, 그때에 동군東郡 은산면 광탄동 이당현 씨의 아들 원실 14세는 큰 은혜를 받았더라. 이 아이는 10년 전에 중병을 앓다가 전신불수가 되어서 그때에 많은 약을 써보았으나 종시 낫지 못하고 이때까지 10년간을 자리에 누워서 팔과 다리 하나를 움직이지 못하고 대소변을 받아내며 실로 무쌍無雙한(비할바없이 힘든) 고생의 세월을 보내더니, 이날 곧 8월 31일에 선생이 재령을 지나신다 하는 말을 자세히 듣고 그 부모들이 이 아이를 업고 들어와서 그날 저녁과 그 이튿날 새벽기도회까지 두 번 기도를 받고 돌아갔더니, 곧 그날부터 조금도 움직이지 못하던 손을 쓰기 시작하고 또다시 다리를 쓰기 시작하더니, 차차 온몸에 힘이 돌아와서 일어서 걷기를 시작하여 지금 1921년 2월 24일은 아주 완전한 사람을 이루어서 그 본동本洞(자기가 살고 있는 동네) 광성학교 제1학년 생도가 되어서 수업하는 중이라더라. 할렐루야.

　이날 밤 8시로부터 10시까지의 사이에 재령읍 유치원을 위하여 견보한 일이 있었으니, 그때에 수천 명 회중 가운데서 부인들이 자기의 사랑하는 월자를 다 풀어 드리고 영영히 쪽찌기로 작정한 자가 많이 있었으니, 그 푼 월자가 242쌍이더라.

## 제10회 신천에서 혈루병자가 나음으로 새 교회가 설립되고 안팎 등곱쟁이가 펴짐

동년 8월 21일부터 29일까지는 선생의 본 교회인 신천읍 교회에서 사경회를 시작하였는데 황해도 각 군에서 모여온 자가 남녀 수천 명이라. 예배당이 너무 좁아서 다 용신容身할 수가 없는 고로, 본 교회 신자들은 부득이 공부에 참예할 수 없이 되었으며 바깥 뜰에까지 가득하게 찼으니 변시便是(곧) 시장과 같이 되었고, 그와 같이 사람은 많이 모였으나 하나님의 권능의 엄위함을 인하여 공부 시간은 오히려 조용하였으며, 일주일간 밤과 낮에 예배당 안과 예배당 뒷동산에서 간절한 기도 소리와 가슴을 치며 통회하는 울음소리는 아무리 굳은 죄인이라도 그 마음을 움직이지 않을 수 없었느니라.

전후 2주일에 주일 연보로만 드린 것이 160원이 되었으니, 그때 사람의 마음이 얼마나 뜨거워졌는지 이로써 짐작할 바이며, 동시에 본 교회 내 소학교 교실을 건축하기 위하여 연보한 것이 당장에 9,000여 원이 되었고, 이때에 여러 곳에서 모여온 신자들에게 한 번 크게 가르친 일이 있었나니, 이는 곧 22일 주일에 연보 드릴 때에 선생은 연보한 것을 조사하여 보고 1전짜리 동전은 일일이 골라내어서 방 안에 내어 뿌려 버렸는데 그 가르치는 말씀은,

"너희 딘는다 하는 사람들아, 엿을 한 개 사려 하여도 5전이나 10전은 주고 사서 먹고, 떡을 한 번 사 먹으려 하여도 10전은 쓰면서, 소위 한 주일간 쓰고 먹고 입고 살고 하나님의 은혜를 감사하다고 드리면서 동전 1푼이 무슨 말이냐. 하나님을 이같이 없이 여기느냐. 저 문밖에 걸인에게라도 1전을 주면 불만스러워하는 생각이 있거든, 너희 하나님을 걸인만치도 대접하지 아니하느냐. 하나님이 이같이 가난하시뇨. 또 23년 수십 년 병들어 죽을 것을 낫게 하여 주셨는데 너희는 동전 한 푼으로 감사하다 하느냐. 이 같은 것을 하나님이 받으실 이치가 없다."

하며 말갛게 집어 던지니, 모든 교우는 심히 두려워 떨었고, 그 후 주일부터 지금까지 신천읍 본 교회는 주일 연보 드릴 때에 동전이란 그림자도 없어졌느니라.

여러 형님들이여, 지금까지 동전 1, 2전을 감사하다고 드리시는 이가 계십니까? 그것이 참 마음으로 드리는 것이 되겠느뇨? 5전 한 개를 가지고 동전으로 바꾸어서 다섯 주일에 드리는 이도 있나니, 이렇게 드리면서 하나님께 복을 받겠다 하는 것이 염치없는 일이 아닐까요? 형님들이 하나님을 대하여 그같이 인색하면 하나님께서도 형님들을 향하여 복을 주시기를 그같이 아끼실 것이 아니오리까? 깊이 배울 만한 일이라 하노라.

이때에 얻은 결과로 새 교회를 이룬 일이 있었으니, 그는 곧 신천 북부면 돌무지[석당리] 간병준 씨의 부인 정덕성 47세는 지금부터 2년 전 곧 1918년 9월 경에 우연히 혈루병을 얻어서 거의 3년이 되도록 무수히 고생하는 중에 의약과 초약草藥을 물론하고 수백 가지 약종을 써 보았으나 조금도 효험을 보지 못하였으며, 겸하여 그의 서자庶子 간승우는 경성 세브란스병원 졸업생으로 개업하였던 의사이던 고로 그 서모의 병을 위하여 극력 치료하여 본 것은 더욱이 말할 것 없지만 일향一向(한결같이) 효험이 없으므로 다만 죽기를 기다릴 따름이었더니, 금년 6월 30일에 선생이 본 집에 계신 소문을 듣고 신천읍으로 들어가서 수차 기도를 받고 돌아온 후에 매우 차도가 있는지라. 참 기쁘고 감사한 마음으로 다시 한 번 기도 받기를 원하였다가 이 사경회 때에 다시 들어가서 2, 3차 기도를 받았더니, 곧 혈루의 근원이 마른지라. 기뻐 집으로 돌아와서 온 집안과 온 동네에 증거하였더라. 성경에 일렀으되, "또 열두 해 혈루증이 있는 여인이 있으니 여러 의원에게 심히 괴로움을 받았고, 또한 있는 것을 다 허비하였으되 나음이 없고 증세가 도리어 중하던 차이라. 예수의 행하신 일을 듣고 무리 가운데 섞여 와서 뒤로 그 만지기는 저의 생각에 내가 다만 그 옷만 만져도 나으리라 함이었으니, 혈루 근원이 곧 마르매 저의 몸에 병이 나은 줄을 깨달은지라" [막 5:25~29] 하였느니라.

그 남편 간병준 씨는 본래 믿지 아니할 뿐 아니라 심히 완고하여 그 아들이 세브란스병원에서 공부하는 것까지도 찬성하지 아니하고 그리스도를 심히 핍박하는 사람이더니, 2~3년을 병중에 있는 그 아내를 위하여 자기도 크게 고생하며 애를 쓰되 고치지 못하였던 그 죽을 만한 병이 하나님과 그리스도의 이름으로 몇 번 기도한 결과 곧 완전한 사람이 되어 깨끗한 것을 이제 자기의 눈으로 본즉 어떻다고 말할 길이 없고 갑자기 눈이 둥그레지고 마음이 송구하여졌더라. "자 하나님의 권능이 이러하구나, 참말 이상하도다" 하며, 그 시에 곧 자기가 믿기로 작정한 후에 온 동네에 다니며 날마다 전파하기는 "예수는 꼭 믿어야 되겠다"고 말하니, 그 동네에는 본래 한 사람도 믿는 이가 없었더니 이 완고한 노인이 이같이 증거하는 말을 들으며 또 그 죽게 되었던 혈루병자가 나은 것을 보고서 믿기로 작정하는 자가 곧 수십 명이 되었더라.

본 명증회의 조사 윤여현 씨가 1921년 1월에 조사하러 갔을 때에 그 온 집안 사람을 만나 이야기하였고, 그곳에서 함께 예배 보았는데 교인이 50~60명이 모여서 예배하였으며, 그 간 씨 노인은 지금 예배당을 짓기로 경영하노라고 재목을 구하려 다니던 중이라 하더라. 할렐루야. 찬송하세.

다음 해 1921년 2월 2일 황해임시노회가 신천읍에 모였을 때에 편집자는 이 병이 나은 정덕성을 청하여 와서 동일 오후 2시에 신천읍 예배당 뜰에서 촬영하였는데, 정씨는 그 얼굴에 기쁨과 화기가 가득하더라.

또 이와 한때에 더욱이 이상한 일이 있으니, 이는 곧 안팎 등곱쟁이가 완전히 펴짐이라. 신천군 산천면 하덕동 최경원의 3녀 음전 11세는 5세 되던 해에 회복통蚘腹痛(회충으로 인한 배앓이)을 일으켜 장장 수년을 고통한 결과로, 필경 그 허리가 꼬이고 가슴이 나오고 등이 꼬부라져서 안팎 등곱쟁이가 된지라. 부모들은 그 아이의 병신 된 것을 슬피 여길 뿐 아니라 동네 사람의 웃음을 부끄러이 여겼는데, 이때에 그 모친 김 씨 봉여가 신천읍 사경 소식을 듣고 8월 9일 아침에 그 딸을 데리고 신천읍으로 와서 1주일간을 유하여 매일 한 차례씩 선생에게 기도를 받고 돌아갔더니, 그 후부터 차차 허리가 펴지고 가슴이 들어가며 꼬인 허리도 바르게 되어 완전한 사람이 된지라. 1921년 1월에 본 명증회 조사 윤여현 씨가 이 아이의 본 집에 가서 조사할 때에는 완전히 성한 사람이 되었더라. (사진 11)

또 신천군 신천면 교탑리 김근수의 모친 신선학 43세

는 20년 전부터 흉독통으로 인하여 차차 몸이 파리하고 기신起身하기(몸을 일으키기) 어려운 지경에 이르러 항상 자리에 누워 있으므로 집 안에는 금요衾褥(이부자리)를 펴두고 누워 있었더라. 가슴 속에는 항상 무슨 주먹 같은 것이 있어서 치밀고 막혀서 음식도 못 먹고 그 아픔을 견디지 못하더니, 1920년 7월 2일 주일에 생각하기를, '오늘은 주일이니 내가 예배당에 가서 죽을지라도 가리라' 하고 예배당에 가서 선생에게 한번 기도를 받으니, 기도 받을 그때에 가슴 속에 주먹 같은 것이 내려가는 것 같더니, 집으로 돌아온 후에 음식을 먹고자 하여 먹었더니 곧 정신이 쇄락灑落한지라(상쾌하고 깨끗한지라). 신 씨는 자기가 이제는 나은 줄로 알고, 그때부터 곧 금요 자리를 걷어치우고 완전히 성한 사람이 되었더라. 1921년 2월 1일에 조사하고 촬영하니라.

동同 척서리 197번지 조병순의 아들 계성은 본년本年 4월 28일에 출생하면서부터 그 신낭腎囊(고환)이 팽대膨大하여(부풀어 커져서) 주먹과 같으며, 또 항상 소리가 나며 혹 작아졌다 또 커지기도 하는 증세가 있느니라. 그 부모는 대단히 염려하였더니, 그 부친 병순 씨가 본년 6월 29일에 선생을 자기의 집으로 청래請來하여서(청하여 오게 해서) 믿는 마음으로 간절히 기도하여 주심을 받았더니, 그 시로부터 곧 나음을 얻어 지금은 다른 아이와 같더라.

동리小里 이종환 씨의 부인 이명화 25세는 7년 전부터 냉적병冷積病(배 속에 찬 기운이 뭉쳐 생기는 냉병)으로 말미암아 음식 먹기가 타인과 같지 못할 뿐 아니라 그로 인하여 불임증이 되어 일선日鮮 의사에게 대증對症과 용약用藥을 많이 하였으나 조금도 차도가 없어 7년간을 고생하여 오더니, 이때에 비로소 예배당에 가서 믿기로 작정하고 선생에게 기도를 받더니 곧 그 병증이 물러가 완인完人(병이 완전히 나은 사람)이 되었을 뿐 아니라 이때에[1921년 2월 2일] 벌써 잉태한 지 2, 3삭朔이 되었다 하며 또 지금은 잘 믿는 사람이 되었더라.

동同 사직리 문응빈의 모친 김승혜 50세는 10여 년 적체積滯(소화 안되고 체함)로 많은 고생을 하며 용약도 많이 하였으나 낫지 못하였더니, 이 사경회 때에 4, 5차례 기도를 받고 차차 낫기 시작하여 지금은 완인이 되었으므로, 그 집안 4, 5식구가 다 믿는 사람이 되었고 또 촬영할 때에 김 씨는 조금도 병색이 없을뿐더러 얼굴에 화기가 가득하더라.

주후 1921년 2월 2일 황해임시노회 때에 편집자가 이상제 씨의 사실을 자세히 조사하여 보고 사진사 장문용 씨에게 위탁하여 신천읍 예배당 안에서 일동을 촬영하였느니라.

이 외에도 해소병(기침병)과 안질과 복통과 귀머거리와 절뚝발이와 탈음증脫陰症과 풍증風症과 반신불수와 대소변불통자不通者와 두통과 콧병과 현기증과 자궁병과 체증滯症(소화불량)과 하혈증과 허리 앓는 자 등 이러한 여러 병자를 고쳐주었고, 또 매일 새벽과 저녁마다 믿겠다 작정하는 남녀가 수십 명씩 되었으니 그 수를 알 수 없더라.

[또 이때에 한가지 특별한 일은 일곱 가지 병이 한꺼번에 낫고 잉태까지 된 것이라]

안악군 월성면 교동 이성삼의 부인 김용순 24세는 5년 전부터 뇌병腦病과 내복통內腹痛, 허리 아픈 병과 각통脚痛(다리가 아픔)과 두 팔과 뒷잔등(등)의 담痰부터 아프던 병과 배가 부으며 뱃속에 바람이 들어 부풀어 오르던 병과 손에 종기가 나서 석 달 동안 낫지 아니하던 것, 이 일곱 가지 병으로 인하여 그 집안에서 힘써 용약도 하고 여러 모양으로 치료하여 보다가 종시 낫지 아니하여 수다한 고생을 하더니, 때에 1주일간 긍부에 참예하며 몇 번 선생의 기도를 받았더니, 곧 그 일곱 가지 병이 다 나았으며 병단 나을 뿐 아니라 이때까지 수태受胎하지 못하던 바 지금은 수태된 지 이미 수삭數朔이 되었다 하더라.

이는 1921년 2월에 편집자가 신천읍 교회에 사경회에

참예하였을 때에 김 씨 용순을 친히 만나서 상고한 것인데, 그 부인은 말하기를

"나는 지금 이 같이 많은 은혜를 받았으나 스스로 증거하기를 부끄러워 이때까지 말하지 못한 것이니, 목사께서 나를 위하여 증거하여 주시오. 이번에도 다시 온 것은 이 여러 가지 병이 다 나은 후에 다시 기침병이 생겨서 6삭朔 동안을 고생하다가 김 목사님이 본 회에 계신 소문을 듣고 기도를 받으러 왔더니, 지금 곧 그 여섯 달 된 기침병이 완전히 낫고 이제는 온몸이 깨끗하여졌으니, 하나님의 크신 권능과 은혜를 무한히 찬송하나이다" 하더라.

제11회는 제5장 전라북도에 편입하고 제12회는 제8장 전라남도에 편입함.


## 제13회 황주 부흥회에서 된 일

동同 9월 24일부터 1주일간 황주읍 교회에서 부흥회를 열었는데 각처에서 모여오는 신자와 병자들이 수천 명에 달하고 매일 새벽 기도와 성경공부와 저녁 강설에 큰 감동을 일으켰는데, 더욱이 불쌍한 병자들에게 큰 은혜가 임한 것은 감사 찬송할 뿐이라. 그중 특별한 일만 여기에 기재하

노라.

　동군同郡 주남면 근산리 김익진 씨의 아들 영학 5세는 1년 전 곧 작년 8월 어떤 날 아침, 아직 기침起寢(기상)하기 전에 이불 위에서 그 누이 영애永愛 13세와 희롱하면서 왼편 손을 들어 그 누이를 치려 하다가 그 손이 갑자기 꼬부라지고 다시 펼 수가 없게 된지라. 온 집안이 크게 놀래어 만져보아도 펼 수가 만무萬無한지라(절대 펼 수 없는지라). 그 후부터 왼팔이 발달하지 못하며 입술이 가로서고(가로 방향으로 나란히 쏠림) 왼편 다리까지 완전치 못하여 저축저축(절둑절둑)하게 된지라. 이를 치료하고자 조선 구의舊醫(한의사)의 진찰을 받고 약도 많이 썼으나, 필경 평양 기홀병원에서까지 가서 치료를 받았으나 일향一向(한결같이) 효험이 없었더니, 지난번 사리원 부흥회의 소식을 들은 그 부모들은 생각하기를, '이 아이 병은 하나님 외에 고칠 이가 없다' 하고 부모 두 사람이 열심으로 번차례番次例(번갈아)로 업으며 사리원을 찾아가서 한 번 기도를 받은즉 적이 차도가 있는 듯한지라. 또 한번 더 기도를 받고자 하나 사람이 너무 많음으로 기회를 얻지 못하고 돌아간 후에, 그 부친은 금산리 교회 영수領袖(지도자)인 고로 즉시 황주을 교회에 들어가서 재직들을 만나 말하기를, "김 목사를 청빙하여 부흥회를 열면 어떠하냐"고 상의한 결과로 이번 부흥회가 열리게 되었는데, 김 씨 부부

두 사람이 이때에 다시 아이를 업고 들어와서 수차 기도를 받은즉 곧 완전히 나음을 받은지라. 동同 9월 29일 새벽기도회 시에 수천 명 회중 앞에서 증거하고 그날 오후 2시경에 편집자가 황주예배당 후원에서 촬영하였느니라.

평안북도 안주군 율산리 정종호 씨의 아내 이 씨 선수 45세는 1919년 2월부터 기침병을 얻어 수년간 고통하는 중에 신구新舊의원(서양의와 한의)에게 약을 많이 썼으되 차도가 없을 뿐 아니라 점점 더하여 필경 전신이 붓고 기신起身치(몸을 일으키지) 못하게 되었는지라. 할 수 없이 죽기를 고대할 따름이더니, 어떤 사람에게 선생의 소식과 또 이때 황주 부흥회의 소식을 듣고 9월 22일에 병상에 누운 채로 본 집에서 떠나 기차를 타고 종일 동안 여행을 하게 된즉,

병세가 더욱 발하여 황주에 도착하는 때에는 거의 죽을 지경이 되었더라. 신자의 집에 거처를 정하고 겨우 정신을 차려 그 밤을 지내고 그 이튿날 선생이 오시기를 기다려서 곧 안수기도를 한번 받고 또 그 이튿날도 한번 기도를 받았는데, 곧 그때부터 차도가 있기 시작하여 1주일간 공부에 어려움 없이 참예하는 중에 부은 것이 온전히 나아지고 새 사람이 되어서 수천 명 회중 앞에서 특별한 증거를 하였고, 김영학과 같이 촬영도 하였으나 사진사가 잘못함으로 사진을 버리게 되어서 여기에는 올리지 못하

였고, 또 본 회에서 후고後考도 못하였느니라.

또 이때에 황주읍에 20여 세 된 한 청맹인靑盲人(겉보기에는 눈이 멀쩡하나 앞을 보지 못하는 사람)이 있었는데 앞을 조금도 보지 못하여 막대를 짚고 더듬어 다니더니, 선생의 기도를 받은 후에 눈이 밝아져서 심히 기뻐하는 것을 보았는데, 편집자는 이때에 승차 시간이 심히 급함을 인하여 잠시 그 사람을 청하여다가 사진만 찍고 그의 거주와 성명과 고침 받은 사실은 본 황주읍 교회 당회에 부탁하여 기록하여 보내라 하였더니, 그 후 오래도록 이 부탁을 지켜 주지 아니하였으므로, 또 그 맹인은 눈이 밝았으니 타 곳으로 떠나가고 돌아오지 아니하여 성명과 사실을 기록할 수 없게 되고 그 시에 편집자가 촬영한 사진만 붙였느니라. 이 외에도 여러 병자가 고침을 받았으나 일일이 조사할 수도 없고 또 기록할 수도 없었느니라.

이 은혜의 진보
이 은혜를 받은 때로부터 이때까지[제9회 신천 부흥회 때]는 선생의 생각에 무슨 병자이든지 물론하고 각자 그 병자의 몸에 손을 대고 기도하여야만 고침을 받을 줄로 생각하니라. 그런고로 병자들도 간절히 기도하고 바라기는 그의 손이 한번 자기의 몸에 와서 만지기를 바랐고 선생도 자기를 기다리고 바라는 각 병자에게는 어떠하던지 다 손을 대어 주기를 생각한 고로, 매일 수백 명씩이 오는 사람에게 한 번씩만 손을 대고 기도를 하여도 과연 밥을 먹으며 잠잘 시간이 없었는지라. 그러므로 간 곳마다 일주일 부흥회 하는 중에 이삼일씩은 먹지도 아니하고 자지도 못하고 아무쪼록 각 사람이 머리나 몸에 그 손을 대고 기도하기를 힘썼느니라. 그러나 제8회 사리원 부흥회 시에는 기도를 받고자 하는 자가 너무 많이 와서 수천 명이 되는 고로 아무리 먹지도 않고 자지도 못하고 기도할지라도 일주일간 공부시키는 여가餘暇(남는 시간)를 가지고는 할 수가 없이 되었느니라.

그런즉 부득이 자기를 바라고 온 사람을 헛되이 보내지 아니할 마음으로 한 방책을 생각하여 부흥회 끝날 마지막 시간에는 모든 같은 종류의 병자를 다 한곳에 모으고 통합으로 위하여 기도하였으니, 가령 이 모양으로 "머리 아픈 이와 눈 아픈 이와 귓병 있는 이와 목병 있는 이와 콧병 있는 이와 폐병 있는 이는 다 이곳으로 오시오" 하여서 다 한곳에 모은 후에 통히(전부 다) 위하여 한 번 기도하여 주고, 또 다른 종류의 병도 이 모양으로 하고 그다음 새벽 기도회 시에 묻기를, "어제 통합하여 기도 받은 자 중에 병 나은 자가 있거든 증거하라" 한즉, 오히려 많은 사람이 일어나서 나았노라고 증거하였느니라. 이 일 후로 이 신천

부흥회부터는 통히 위하여 기도하기를 힘쓰고 각 사람의 몸에 안수하는 일은 많이 하지 못하더라.

　사도행전 5장 15~16절 말씀에 "병든 자를 매고 거리에 나가 평상과 보로 위에 누이고 베드로가 지날 때에 혹 그 그림자가 누구에게든지 덮일까 바라고 예루살렘 근읍 사람들이 모여 병인과 더러운 귀신에게 괴로움 받는 사람을 데리고 와서 다 나음을 얻더라" 하였고, 또 사도행전 19장 12절 말씀에 "심지어 사람들이 바울의 몸에서 손수건이나 행주 수건이나 가져다가 병인에게 더하면 그 병이 떠나고 악귀도 또한 물러가더라" 하였으니, 이는 다 사도들의 권능을 얻은 분량이 진보된 것을 가르친 것이니라. 그 모양으로 선생에게 주신 은혜도 이와 같이 진보가 되었나니, 처음에는 한 사람의 병자를 위하여 3일이나 금식한 후에 비로소 이루어짐을 받았고, 그 후부터는 각인의 몸에 손을 안찰按擦하면(몸을 어루만지거나 두드리면) 믿는 자는 나음을 얻었으며, 이때부터는 여러 사람의 병을 위하여 통히 기도할지라도 믿는 자는 나음을 얻었으며, 이 아래 경성 부흥회에 이르러서는 선생을 바라기만 한 자도 자신의 간절한 믿음으로 나음을 받았고, 심지어 천여 리 밖에 있는 병자들을 위하여 대신 기도를 받았어도 곧 그 시로 나음을 얻었느니라. 할렐루야.

이와 같이 됨으로 사리원과 황주는 경의선이 통과된 대로변이므로 이 소문이 점점 전파되어 필경은 조선 북편 의주로부터 남편 끝 되는 제주도까지 이 은혜로운 소문이 가득하여졌나니, 이때에 황해도 각 읍 지경에서 아동 소년들이 놀며 부르는 말이, "그러한 부랑자와 그러한 병은 김익두 목사라도 무가내하無可柰何라(어쩔 수 없다)" 하더라. 이때에 『경성기독신보』 제259호에도 이 일을 들어 기재한 것이 다음과 같더라.

기독신보 제259호 번등
"세계 3대 불가사의의 하나, 과학을 초월한 현대의 기적 '김 목사'라면 천신天神같이 아동주졸兒童走卒까지 탄복…. 문 앞에 위집蝟集한 수만의 군중은 안수 치료를 원한다."

 낡은 것이나 새것이나 날마다 보는 눈에 조금만 서투르면 한 동네가 떠들고 한 고을이 떠들고 한 나라가 떠들고 동양이 떠들고 서양이 떠들어, 종래에는 필경 세계의 구경거리가 되고 마는 것이다. 없던 비행기가 새롭게 생겼다고 이상한 얼굴로 공중을 쳐다보던 그들의 눈은 별안간 새삼스럽게 몇천 년 전부터 전하여 내려오던 애굽의 목내이木乃伊(이집트의 미라)[죽은 사람을 산 사람과 같이 썩지 않도록 약을 발라 만든 것]와 바벨론의 고탑古塔을 돌아보고 다시 한번 신기함을 칭탁하기를 마지아니하며, 학질瘧疾(말라리아)의 선약仙藥(효험있는 약)이라는 열대 식물인 금계랍金鷄蠟(염산키니네)과 창병瘡病(피부 병)에 단방單方(더없이 효험 있는 약)이라는 독일에서 발명한 606(독일 과학자 파울 에를리히Paul Ehrlich가 발명한 살바르산)을 보고 그 효험을 탄복하던 오늘 세계는 다시 약은 한 가지도 없이 병은 어떠한 병이든지 맨손이나 혹 한마디 말로써 만병을 용이히 고치시던 2,000년 전에 돌아가신 예수의 그 행적을 추모하게 되었도다. 과연 세상은 그러한 것이다. 그러나 그들이 가장 가엾은 일은 돈 한 푼을 주고 성냥 한 갑을 사는 일반으로 털끝만치라도 눈에 보이고 손으로 만질 만할 것 이외에는 아무것도 아는 것이 없는 것이다.

애굽의 목내이와 바벨론의 고탑이 오늘날 물질로 이 세상에 남아 있으매 상고 시대 우리의 할아버지의 예술적 두뇌가 얼마나 발달되었음을 상상하고, 따라서 그때에 문명이 얼마나 찬란하였음을 반 짐작이나 하게 되었다. 그러나 만 가지 병을 고치려면 만 가지 약으로도 오히려 부족한 의약도 어떠한 한도까지, 즉 자기가 실제로 경험하여 본 그 범위 이외에는 더 믿어 주지를 않는 이 세상 사람들이 어찌 호호창창浩浩蒼蒼한(드넓고 아득한) 2,000년 전에 돌아가신 예수의 그 행적을 믿어주며 더구나 그의 참 정신, 참 주의를 이해할 수 있으랴.

과연 그는 한 터럭의 티끌도 이 세상의 물질로는 끼치신 것이 없었더라. 그러나 무형한 가운데 그가 전하신 한 줄기 진리는 영겁永劫에 이르기까지 흩어지지 아니할지니, 이것이 곧 우리로 하여금 그를 알게 하는 도선導線(양쪽을 이어 통하게 하는 줄)이라. 이 끈을 붙잡는 자라야 비로소 그의 뜻을 읽을 수 있으리니, 이는 곧 믿음의 힘을 가르치심이라. 그런고로 예수께서 병을 고치실 때마다, "네 믿음이 너를 낫게 하였다" 하심은 곧 그 사람에게 아니 우리에게 신앙의 큰 힘을 가르치심이니, 곧 병을 고치기 원하는 간절한 그의 정성과 또는 '그의 손 한 번이나 그의 말 한마디면 반드시 내 병이 물러가리라'는 그의 굳은 믿음이 이미 그 병의 반분半分(절반) 이상을 낫게 하였으리라 함은, 금일 심리학자로서도 부인치 못할 사실이라. 그때에 그 병자가 바라고 그리던 그가 과연 따뜻한 손을 들어 그의 머리를 만질 때에, 신비한 입을 열어 그의 차디찬 영혼 위에 따뜻한 영적 위안을 줄 때에 그가 반드시 병의 기반羈絆(속박)에서 해방을 받을 것도 또한 현대 심리학자가 부인하지 못할 사실이로다. 그러면 이것이 모두 "믿어라!! 믿어라!! 끝까지 믿어라!!" 하신 진리를 사실로 가르치심에서 지나지 아니하심이니라. 어찌 예수께서 무의미한 가운데에서 한때 소일小一(아주 하찮고 작음)에 지나지 못하는 기술사나 요술꾼의 기술적인 일장연一場演(한 바탕의 연극)을 행하셨을 이치가 있는가.

아득한 2,000년 후 금일 조선에서 다시 이 진리를 거듭 증거하게 되었고, 아울러 세계의 큰 떠들 거리가 되었다 함이라. 이는 다른 것이 아니라 곧 황해도 신천읍 교회 안의 목사로 있는 김익두 씨가 수년 이래 경상도, 평안도 등지로 두루 다니면서 교리를 선전하는 중 때때로 곳곳마다 기이한 증적證跡(증거가 될 만한 흔적)을 나타낸 것이니, 곧 사실이 발생될 때마다 본 보에도 여러 번 보도한 바이거니와 벙어리의 말함과 앉은뱅이의 걸음과 17년 혈루의 쾌유와 소경의 눈뜨는 등 허다한 실적이 모두 거짓말 없는 참말이다. 근래 씨(김익두)의 본지本地(자신이 사는 땅) 신천에 있어서는 일곱 살 먹은 앉은뱅이를 고쳐놓고, 어떠한 서양 사람이 서 있는 모양과 걷는 모양을 사진으로 박아서 가져갔다 하였고, 더욱이 금년에 신호神戸(일본의 고베) 신학교를 졸업하신 임택권 목사의 발기로 동同 김 목사의 기행을 중심 삼아 이적명증회라는 새로운 조직을 만들었다 함을 보아도 하여간 거짓말은 아니거니와 이 소문을 들은 황해, 평안 각처에서 도여드는 무수한 병자들도 날마다 김 목사를 부르고, 신천으로 모여들어 그 근처에 묵고 있는 손님들의 여관에는 "김 목사 보셨소?"가 아침저녁 그들의 첫 인사가 될 정도로 소문이 굉장하게 되었다. 그리하여 "오늘도 못 뵈었어요" 대답하는 사람에게 반드시 섭섭한 기색이 나타나게 되어 마치 예수의 당년當年(바로 그 해)을 생각하게 되었다 한다.

대체 그의 행하는 일은 예수께서 일찍이 깨우쳐 주신 믿음의 진리를 다시 증거함에 지나지 못한다 할지라도 그의 그만한 능력을 가지게 된 것은 도저히 범상凡常한 우리의 생각 밖에 뛰어나 즉 현대 과학을 초월한 신비의 잠을 잠근(신비의 경지를 깊이 보여주는) 신기한 현상이라. 하여간 이것이 불원不遠한(멀지않은) 장래에 구체적으로 세계에 공포될 때가 있으려니와 한편으로는 조선 기독교사가 한번 뛰어 세계적 기독교사 상에 가장 찬란한 꽃으로 장식한 페이지를 꾸미게 되는지, 이것이 크게 바라는 바이다. 이것이 곧 헤아릴 수 없는 씨(김익두)의 안수기도의 효능을 가리켜 말하기를, 헤아릴 수 없는 미국의 나이아가라 폭포의 물 분량과 헤아릴 수 없는 이탈리아의 베스비어스Vesuvio 화산의 뜨거운 분량 두 가지와 합하여 세계의 세 가지 헤아릴 수 없는 수수께끼가 되리라는 말이다 하였더라."

『기독신보』 종終

제14회는 제6장 경기도에 편입함.

# 제15회 연백에서 소경이 보게 되고 앉은뱅이가 걸어 다님

경성 부흥회를 마친 후, 동同 10월 27일 저녁부터 일주일간은 연백읍 교회에서 부흥회를 열었는데, 해주동, 연백서, 연백남, 백천, 유천, 연백읍 합 여섯 구역 교인들과 수다한 병자가 모였는데, 당일 밤으로 곧 예배당이 용신容身할 수 없도록 좁아서 부인들은 방안에 앉게 하고 남자들은 밖에 앉아서 예배한 후에 선생은 병자들을 위하여 기도하였는데, 그 이튿날 사벽 기도하러 모여서 기도한 후 간증하는 것을 들은즉 한날 밤사이에 병 나은 사람이 적지 아니하였으며, 매일 오전 오후 두 때로 나누어 누가복음 비유를 가르치시는데 생명의 양식이 풍족하였고, 저녁마다 강설회에 모여서 청聽하는 자가 삼천 명에 달하였으며, 모든 믿는 자들이 과연 불세례를 받아서 큰 변화를 일으킨지라. 예배당 뒤에는 남산이 있어 수목이 울창한 가운데 그 기도하러 올라가는 자가 너무 많음으로 일주일간은 인산人山을 이루었느니라. 그동안 각양 병인들이 고침을 받았노라고 증거한 자는 삼백 명 가량인데, 그중에 특별한 자를 거론컨대 벙어리가 말하며, 청맹이 보며, 귀먹은 자가 들으며, 앉은뱅이가 일어나 걸으며, 절뚝발이가 나으며, 눈알이 바르게 박히지 못하였던 자가 바르게 되었으며, 여러 해 동안 해소증이 완전히 나음을 받았느니라.

　연백군 괘궁면 한정리 만영수 19세는 1년 전에 단골 두통병으로 인하여 무한 고생을 하는 중에 내외국內外國 의원에게 치료를 받느라고 그 가산家産을 탕폐蕩敗(탕진)할 지경에 이르렀으나, 병이 낫지 아니하고 필경은 그 병으로 인하여 눈이 어두워서 지팡이를 짚고 더듬어 다니게 되었는데, 이번 부흥회 하는 때[11월 1일]에 자기 집에서 소를 타고 그 집안 사람들의 인도를 받아 선생에게 나와서 동同 2일에 안수기도함을 받았는데 그때로부터 두통이 곧 그치고 눈 어두운 것이 곧 밝아져서 수천 명 회중 앞에서 기쁨으로 간증하고, 자기 집으로 돌아갈 때는 소도 타지 아니하고 지팡이도 내던지고 50여 리나 되는 길을 무사히 걸어갔느니라.

　동군소郡 석산면 수복리 김복성 22세는 5세 되던 해에 벼가리[화적禾積(볏단 더미)] 위에 올라가 놀다가 떨어져서 다리가 상하여 침상에 눕고 일어나지 못하고, 일 년 동안 고생하여 무수한 의약과 침으로 치료를 받았으나 종시 낫지 못하고 필경 앉은뱅이가 되어서 18년 동안을 앉아서 고생하더니, 이때에 선생에게 기도를 받았는데 기도를 받을 때에 별안간 몸이 떨리며 다리가 심히 저려서 지접止接하기(몸을 움직이기) 어렵더니, 곧 일어서고자 하는 마음이 나서 일어선즉 지팡이를 짚고 걸을 힘이 생기었는지라. 곧 기쁨으로 수천인 앞에서 간증하고 집으로 돌아간 후 지금[1921년 3월 3일]까지 지팡이를 짚고 무난히 예배당에 출석하더라.

동군소郡 용도면 발산리 홍종환 52세는 12년 전부터 각기병脚氣病이 들려 심히 고통함으로 평안히 앉을 수도 없고 잘 걸을 수도 없음으로 지팡이를 짚고 병원에 가서 입원하여 의사에게 치료를 많이 받았으나 낫지 못하였고, 지금까지 십여 년을 고생하는 중에 무수히 약을 썼지마는 일향一向 낫지 아니하더니, 이 부흥회를 시작하는 첫날부터 일주일간을 간절히 자기도 기도하며 선생에게 안수함을 받았더니 곧 완전히 나았으므로, 1921년 2월 6일에 본 예배당에서 간증회를 열고 찬송 137장과 이윤애의 기도함으로 하나님께 무한한 영광을 돌리었느니라.

동군소郡 석산면 구산리 184번지 박 씨 원신 55세는 2년 전 3월부터 반신불수가 되어 수년간 무쌍한 고생을 하더니 금번 부흥회 시에 선생의 기도하여 주심을 받고 곧 완전히 나음을 얻었더라.

이 밖에도 많은 증거가 있으나 다 기록하지 못하느니라. 이는 1921년 3월 3일 부흥회가 된 지 5삭朔 후에 연백군읍 교회 목사 노시좌 씨가 증거하여 보낸 것이니라.

# 제5장 전라북도에서 된 일

## 제11회 믿지 아니하는 곳에서 권능을 보여 주시지 아니함

동년 9월 2일부터 12일까지는 전주부 남문외 교회당 내에서 전북 진흥회 예비회로 전북노회 안의 교역자들이 회집하여 부흥회를 하였느니라. 편집자는 그때에 잠시 조사차로 갔었는데 그때에 들은즉 부흥회 위원들이 주장하는 바와 김 목사의 생각한 바와 같지 아니한 것이 있어서 서로 충돌이 된다 하고, 또 그 일꾼들 가운데서 이 이적에 대하여 좋아하지 않는 형제들이 있어서 환영치 아니하였으므로, 그 시에 된 일은 추후로 기록하여 보낸 것이 없고 본 명증회에서도 다시 사람을 보내어 조사할 겨를이 없었으니 증거할 만한 것이 별로 없느니라. 그러나 다만 편집자가 갔을 때에 걸식乞食하는 여자 한 사람이 눈이 어두워서 막대를 짚고 더듬어 다니며 걸식하던 자가 찾아와서 선생에게 기도를 받은 후에 곧 한편 눈이 밝히 보게 되었노라고 강대 위에 와서 증거하는 것을 보았더니, 그 후에 들은 즉 다시 어두워졌다 하더라. 마태복음 13장 58절 말씀에 "예수께서 그곳에서 권능을 많이 행하지 아니하심은 저들이 믿지 아니함이러라" 하셨더니, 전주에서 주 예수의 거룩한 이름으로 하나님의 권능이 나타남을 믿지 아니함으로 예수께서 그 권능을 보이시지 아니하셨더라.

# 제6장 경기도에서 된 일

## 제14회 만 명 이상이 회집한 경성의 대부흥

동년 10월 11일 곧 조선예수교장로회 총회 제9회가 안국동 예배당에서 폐회된 후부터 2주일 동안 경성의 일곱 개 당회[연지동, 안국동, 승동, 묘동, 신문내, 남문외 등]의 주최로 선생을 청하여 승동예배당 내에서 부흥회를 시작하였는데, 새벽 기도회와 오전, 오후에 성경 공부회와 저녁마다 전도 강설회에 큰 감동이 일어나서 믿음이 타락하였던 자가 회개의 눈물을 뿌리고, 교만하던 자가 겸손한 마음을 얻고, 냉랭하던 자가 열심을 얻었으며, 많은 병자가 고침을 받는 등 특별한 이적이 많이 나타났으며, 처음부터 끝날까지 매일 저녁 강설회마다 모인 사람 수효는 만 명 이상씩이나 되었으니, 교회의 회집으로 이러한 많은 사람이 한 곳에 모여 은혜 받은 것은 우리 조선 교회의 설립 후 처음 있는 일이며, 서양의 유명한 강설회나 부흥회나 전도회에 10만 이상이 모인 것보다도 오히려 더욱 성대한 부흥이 되었나니, 다름 아니라 영·미국에서는 비교적 인구가 많으며 통신이 신속하며 교통의 편리함을 인하여 이 시간에 된 사실이 다음 시간이면 전국에 통보가 되며, 소문만 크게 되면 수천 리 밖에서라도 당일에 내왕 할 수 있으며 회집할 장소가 편리하고 굉장하고 많이 있으니, 사람이 4~5만 혹 10만 명의 사람이라도 용이하게 모일 터이니 그것은 으히려 쉬운 일이거니와, 우리 조선은 아직 통신기관이 불완전하니 소문을 들을 수도 없으며 교통이 불편하니 소문을 들어도 쉽게 모일 수도 없으며, 설령 모여들지라도 회집할 장소가 불완전한지라. 이 같은 처지에서 만 명의 회집이 어찌 용이한 일이며, 어찌 적은 일이며, 어찌 심상尋常한(대수롭지 않은) 일이리요. 진실로 조선에 크게 특별한 일이며 교회에 처음 있는 대부흥이라 하겠도다. (사진 13, 14)

그뿐 아니라 더욱이 이상한 권능으로 믿어지는 것은 새벽기도회마다 수천 명이 회집하여 뜨거운 눈물을 흘리며 또한 명문대가의 귀부인들이 비단옷을 입은 채로 쓸쓸한 가을바람 서리 찬 저녁에 거적자리 위에서 밤을 새워가며 기도하는 것은 참말 기이한 현상이더라. 이와 같은 성신의 은혜에 목욕한 만당滿堂(사람들로 꽉 찬 회당) 회중은 가슴에서 끓어오르는 감사하는 마음을 이기지 못하여 동同 23일

[금요일 밤]부터 연속 3일간 주의 복음을 전파할 목적으로 각각 자원하여 연보를 드렸는데 혹은 현금으로 혹은 금은 보배로 혹은 자기를 위하여 예비하여 두었던 옷가지와 혹 머리에 꽂았던 은금 비녀와 손에 꼈던 금은 지환指環(가락지)과 자기가 입고 있던 비단 의복까지 바친 부인들이 얼마인지 그 수를 다 헤아릴 수 없었다. 각양 연보한 것이 금전으로 5,000여 원이나 되었다.

더욱이 이상하고 감사한 것은 금번 일본 동경에서 개최된 만국 주일학교 대회에 참여하였던 영·미 위원단 수십 명이 경성을 통과하던 길에 이러한 부흥회의 현상을 관람하게 된 일이다. 저희들은 다 눈을 크게 뜨고 탄복함을 마지아니하였고, 또한 연보로 드린 각양 패물 등속을 후한 값으로 사서 본국에 돌아가 조선 교회가 받은 은혜를 전파하겠다 하더라. 이렇게 성황을 이룬 것은 참말 사람의 힘이 아니고 곧 하나님의 신기하신 능력의 열매이니 옛날 사도 시대에 예루살렘에서 만국 사람이 모였을 때에 성신의 큰 권능이 나타난 것과 같더라. 할렐루야. [사도행전 2장]

이때에 그 아들을 위하여 대신 기도를 받아서 병이 나음이 있었으니, 곧 평안북도 용천군 부라면 원성동 함덕용 16세는 정주 오산중학교 3학년 학생인데, 소화불량으로 한열寒熱이 진퇴進退하매(오한과 열이 번갈아 나타났다가 물러가니) 기력이 쇠약하고 척골精骨(몸이 바짝 마르고 뼈가 앙상하게 드러남)이 된지라. 병상에서 신음한 지가 월여月餘이더니(한 달이 조금 넘더니), 그 부친 함 목사 석규 씨가 금번 총회 총대로 경성에 왔다가 선생에게 그 아들의 병상을 말하고 동월 6일 오후 2시에 안국동교회 장로 윤치소 씨의 사랑 골방에서 선생에게 간절히 기도함을 받았더라. 그 후에 함석규 씨는 믿는 마음으로 경성을 출발하여 본 집에 돌아가 본즉 월여月餘를 중병에서 고생하던 그 아들이 곧 천 리 밖에서 기도 받던 그 시부터 쾌차하여 음식도 잘 먹으며 출입이 여상如常하더라(평소와 다름없더라). 이 은혜와 그 권능을 본 함석규 씨는 즉시로 감사하는 편지를 선생에게 보내었고 또한 우리 이적명증회에도 증거하는 서신을 보내었더라. 할렐루야. 신기하다. (사진 15, 16)

어떤 이는 바라기만 하여도 병이 나음
경기도 광주군 언주면 반포리 불신자 석귀동의 아내 라영신 42세는 거금距今 2년 전부터 풍증으로 고생한 결과로 앉은뱅이가 된 지가 2개년 동안이라. 그의 아우 라영복은 경성복음전도관의 □집사라. 선생의 기도를 받기 위하여 그 형을 데려다가 부흥회에 참석하게 한지라. 병자는 연 4일간을 선생이 와서 기도하여 주기를 고대하나 오지 아니하므로, 4일째 되던 날에는 낙심이 되어 기도도 아니하고 다만 속히 세상 떠나기만 원하더니, 그날은 곧 주일이라. 아침 기도회로 모였던 무리는 다 흩어지고 예배당 3층 위에 앉은뱅이인 라 씨와 및 본 교회 믿는 부인 1인만 남아있는 즈음에 라 씨의 전신이 별안간 으쓱하며 힘없는 한 손으로 곁에 있는 난간이 잡혀지며 두 다리가 문득 펴지며 부지 중 일어나서 걷게 되므로 병인 당자當者(당사자)도 그 까닭을 알지 못하는 중, 그 곁에 있던 한 부인이 이 광경을 보고 말할 수 없는 기쁨으로 곧 자기 집에 돌아가 말하기를, "지금 우리 회당에 앉은뱅이 된 여인이 일어났다" 한즉, 그 가족은 불신자로서 가보지도 아니하고 도리어 거짓말이라고 반대하였으며, 그 아우 영복은 형을 대접하려고 국을 가지고 와서 그 형이 자리를 옮겨 다른 곳에 가서 앉은 것을 보고 묻기를 "어찌하여 그곳에 가서 앉았소?" 한즉, 천연天然히(아무렇지도 않게) 대답하기를 "내가 일어나 걸어 왔다" 하는지라. 다시 묻기를 "과연果然(정말)이냐?" 한즉 "과연이라" 하므로 "과연이면 일어나 다니라" 한즉, 곧 일어나 다니는지라.

 이것을 보고 미친 듯한 감사와 기쁨으로 아래층에 있는 열 여인에게 불러 증거한즉, 무리가 곧 와서 보고 손벽을 쳐서 영광을 돌렸으며, 그 후 천여 명의 신자가 와서 보고 즉시 소문이 광포廣布되므로(널리 퍼지므로) 병원 의사와 양복 입은 신사 제씨諸氏(여러 사람)가 인차래집鱗次來集하여(차례로 잇달아 찾아와) 일어나 다니기를 청하므로 당일에 5, 6차나 일어나 다녔으며, 그 후 폐회될 때에 그 아우가 자기 집으로 다녀올 때에 본 회당 층층대를 걸어 내려가는 중 처음 일어날 때에 본 한 부인이 자기 가족 중 믿지 않고 반대하는 자에게 실증을 보이기 위하여 데려간 일도 있었으며, 본 집에 돌아간 후 10여 일을 팔뚝과 다리에 있는 열기가 발생하더니, 그 후에는 사지에 딴 힘이 생겨 수리數里나 되는 복음전도관 예배에 출석하여 모인 무리에게 스스로 증거하고 밤낮으로 이웃 친족의 집을 출입하며 열광적으로 감사하며 간증하더라.

이 사실을 증명하는 이는 병고침 받은 자의 아우 라영복과 무교전도관武橋傳道館 목사 이명헌 씨와 장로 한상호 씨와 기타 믿지 않는 사람 중에 이 일을 친히 보고 증거하는 자가 많더라. 이 일이 있은 후에 『기독신보』 제257호, 곧 1920년 11월 10일 흐에 이와 같은 사실이 기재되었더라.

"경성 교회의 화火세례
김익두 목사의 부흥 전도 만 명의 큰 무리가 은혜 목욕"
경성 중앙승동교회여서 지난 10월 11일[월요일]부터 25

일[월요일]까지 부흥목사 김익두 씨를 청요請邀하여 부흥 전도를 개최하였었는데, 저녁마다 전도, 새벽 6시마다 기도회, 오전 오후에 성경 교수, 이렇게 한 결과로 성신의 큰 역사 곧 이적이 나타났다. 신앙에 타락하였던 자가 다시 회개하였고, 교만하던 자가 겸손하여졌으며, 미지근하던 자가 열심이 일어났으며, 병든 자가 나았으며, 조막손이(손가락이 없거나 오그라져 펴지 못하는 사람)가 손을 폈으며, 나면서 앉은뱅이가 일어섰으며, 기타 심상치 아니한 병자들 중 나은 자가 남녀 기십幾十(몇십) 명이 있었으며, 받은 은혜에 감사하여 자원 연보한 것이 금은 보배와 및 현금을 합하여 5천여 원에 달하였더라. 이적에 대하여서는 아직 구체적 조사를 마치지 못함으로 차호次號(다음 호)에는 일일이 기재하여 확실히 증명하려니와, 첫째로 이적은 만 명의 큰 무리가 밤을 새워 기도하며 회개의 뜨거운 눈물을 흘리는 것이로다. 이는 사람의 수단으로 하려 함도 아니요, 다 기도와 십자가의 도道만 전할 뿐이었나니, 여기에 대하여서는 성경이 확실히 증거한다. "십자가의 도는 구원 얻는 자에게는 하나님의 권능이 되고 멸망하는 자에게는 어리석음이 된다" 함이니라. 경성 교회에는 은혜의 비가 내리었고, 사회에는 어떠한 경성警醒(잘못된 행동을 하지 않도록 깨우침)을 줌일러라.

예수 가라사대 "아버지여, 천지의 주재시니, 이 일을

지혜가 있고 통달한 자에게는 숨기시고 어린아이에게는 나타내심을 감사하나이다" 하고 찬송하심을 우리 신도는 비로소 깨닫게 되었더라."

『기독신보』 종終

각처의 의심

이때에 각처에서 의심을 많이 일으켰나니 이는 각 곳에서 은혜를 받아 병이 나음을 얻었던 자 중에서 병이 갱발更發(재발)되었다는 자가 같은 까닭이더라. 그런고로 편집자도 의심이 없지 아니하여 각처로 다니며 조사하는 중에 자세히 연고를 살펴본 결과 몇 가지 까닭을 찾으니라.

    1. 첫째로는 여러 사람이 잘못 생각한 일로 인하여 의심된 일을 일으켰나니, 많은 사람이 생각하기를 '내가 지금 병이 나았노라 증거하면 필시 나를 위하여 먼저 기도하여 주리라'고 생각한 이도 있었고, 또 어떤 이는 '내가 지금 나았노라 증거하여야 나으리라'고 생각한 이도 있었으며, 또 어떤 이는 신경이 과민하여져서 곧 나은 줄로 생각한 이도 있었더라. 이러한 여러 가지 까닭으로 곧 일어나 증거하기를, "지금 나는 병이 나았노라" 하고 가볍게 증거를 하였던 자가 많이 있었느니라. 그러나 실상은 낫지 아니한 것을 잘못 증거하였던 것이니, 추후로 자세히 상고하

는 때에는 그 낫지 아니한 것이 드러났느니라.

2. 둘째는 어떤 사람들 중에 조심하지 아니함으로 과연 갱발한 자도 있나니, 가령 젊은 남녀 중에 오랜 병으로 인하여 잔약殘弱한(가냘프고 약한) 중에 있던 자가 자기의 병이 완전히 나은 줄 알고 음식과 거처와 뇌동雷動(심하게 움직임)하는 것들에 대하여 조심치 아니하고 함부로 몸을 가진 결과로 과연 완전한 것이지마는 그 조심치 아니함이 곧 갱발의 원인이 되었느니라. 이는 의학상으로도 증명하는 바이니, 용약用藥에 효과를 얻었던 자가 조심치 아니함으로 갱발하는 일은 부인하지 못하는 일이니라.

3. 셋째, 어떤 이들은 믿음을 배반하고 하나님께 영광을 돌리지 아니함으로 갱발한 자가 많이 있나니, 요한복음 5장 14절 말씀을 보니 주 가라사대, "네가 나았으니 다시는 범죄하지 말고 더 큰 증세가 발할까 염려하라" 하셨더라. 그러나 사람들이 이 뜻을 깨닫지 못하고 '내가 지금은 나았으니, 믿지 아니하여도 관계치 않다' 하여 범죄하다가 과연 큰 증세가 발하여 고생하는 자가 얼마인지 다 헤아리기 어렵도다. 한두 사람을 들어 증거하건대 경상북도 대구에서 부흥회 할 때에 기생 김경애는 중병으로 인하여 40일을 소변불통으로 곧 죽게 되었다가 기도 받아 나음을 얻고 잘 믿는 자가 되었더니, 시험에 들어 배교함으로 그 병

이 복발復發(재발)한 것을 우리가 자세히 본 바이며, 또 황해도 봉산군 사인면 외망동 유치대 씨의 딸은 당년 18세인데 반신불수로 10여 년 동안 고생으로 지내다가 사리원 부흥회 때에 그 여자는 어느 날 식전食前에 떠나서 해가 지도록 걸어갔다가 한번 기도 받은 후 곧 나아서 돌아갈 때에는 지팡이를 내어버리고 잘 걸어왔으며, 평인平人(일반인)과 같이 잘 다니며 물고기도 잡고 집의 일도 도와주며 잘 지내었더라. 그러나 그 부모가 믿지 아니함으로 하나님께 영광도 돌리지 아니하고 은혜를 감사하지도 아니하고 도리어 훼방하여 말하기를, "이는 하나님의 권능이 아니라 나을 때가 되어서 나았다" 하며, 또 "이는 종일 애를 쓰며 걸어갔으니 그 다리의 가죽이 늘어나서 잘 걷게 되었다"고 하며, 그 딸이 예비당에 가는 것을 힘써 막고 욕설을 많이 하는지라. 근처에서 보는 사람들이 다 말하기를, "저 사람이 필경 앙화殃禍(지은 죄의 앙갚음으로 받는 재앙)를 받으리라" 하더니, 과연 수삭數朔 후에 그 아이는 곧 다시 병이 발하여 여전히 다리가 아파서 다니지 못하고 몸까지 아파서 일어나지 못할 지경에 있다 하더라. [필경 죽었느니라]

각처의 비방
각처에서 이 이적을 비방하는 자가 많이 있었으니, 어떤 이는 시기하는 마음으로 이 일을 해롭게 하려고 비방하고, 혹 어떤 이는 이것을 믿지 아니함으로 비방하는 자도 있으며, 어떤 이는 이것을 압제하여 막고자 함으로 비방하는 자도 있었느니라.

안 믿는 자보다도 오히려 믿는 자의 은근한 반대가 더욱 많도다. 예수님 당시에도 예수를 가리켜 "바알세불을 힘입어 권능을 행한다"고 훼방한 자는 안 믿는 자가 아니요, 소위 하나님을 믿노라 하며 믿는 중에도 더욱 잘 믿노라 하는 바리새교인이며, 예수의 행하시는 이적을 보고 하나님께 영광을 돌리지 아니하고 '어떻게 예수를 죽일꼬' 의논한 자들은 다 하나님을 믿노라 하는 바리새교인이더니, 오늘도 특별한 날이 아니고 그와 같은 날이로다. 소위 믿는 사람으로 이러한 하나님의 영화를 찬송하지 아니하고 속으로 은근히 반대하는 성질을 품은 자가 많이 있으니, 그는 참 무슨 심리일까. 예수 가라사대, "나와 함께 하지 아니하는 자는 나를 거역하는 자요, 나와 함께 거두지 아니하는 자는 헤치는 자이라"[눅 11:23] 하셨더라.

1. 시기하는 자의 비방

어떤 교회에서 부흥회를 열었을 때에 병고침 받은 자가 얼마 있었느니라. 그런 중에 이 위에 말한 바와 같이 병이 완전히 낫지 못한 것을 나았노라 증거한 사람도 많이 있었으니, 비방하는 자는 이를 기회로 삼아 그 완전히 나은 사람은 고사하고, 완전히 낫지 아니한 사람의 거주, 성명만 기록하여 가지고 각처로 다니며 비방하여 말하기를, "소위 기도함으로 병을 낫게 한다 하는 일은 다 이와 같은 것이니, 자 보시오, 이 사람들은 다 병이 나았다고 증거한 자인데 지금 한 사람이라도 나은 것이 없다" 하더라. 그뿐 아니라 더욱 고약한 말로 비방하기를, "기도함으로 혹 병이 나았다 하는 것은 마치 이전에 불신자들이 귀신을 섬기며 병자를 위하여 굿을 하고 병이 나았다 함과 같다" 하더라.

마태복음 12장 24절을 생각하니 이르기를, "바리새교인은 듣고 가로되 이 사람이 귀왕鬼王 바알세불의 힘이 아니면 사귀邪鬼를 쫓아내지 못하리라 하거늘" 하였고, 또 마태복음 12장 31~32절의 말씀을 보니 예수 가라사대, "그런고로 내가 너희에게 이르노니 모든 죄와 훼방하는 것을 사람에게 사하시려니와 성신을 훼방하는 것은 사하시지 아니할 것이요 또 누구든지 말로 인자를 거역하면 사하시려니와 성신을 거역하면 이 세상과 오는 세상에도 사하시지 아니하리라" 하셨느니라.

형제여, 생각하라. 귀신을 위하는 자가 굿을 하여서 앉은뱅이가 걷게 된 일과 소경이 보게 된 일이 어디 있었더냐? 하나님에게 영광을 돌리는 것이 무슨 해가 되기에 이와 같이 무서운 말을 하느뇨? 간절히 바라노니 형제여, 그 굳은 마음을 속히 회개하라 하노라.

2. 믿지 아니하는 마음으로 비방하는 자

어떤 곳에서는 또 비방하며 반대하여 말하기를, "이는 한 가지 심리적으로 이같이 할 수 있고, 또 과학상으로도 이같이 될 수가 있으니, 이는 하나님의 권능이 아니라" 하더라. 그의 주장하는 말을 들으니,

(1) 그가 말하기를 "나는 심리적으로 이 같은 일이 있는 것이라 하노니, 가령 최면술 하는 자가 병자를 향하여 '네가 병이 나으리니, 곧 믿으라. 지금 나았느니라' 하고 최면을 하여 심리를 따라 그 병이 나을 수 있느니라. 그러면 이 김 씨의 소위 기도로 병 낫게 한다 함도 그와 같은 것인즉, 이는 심리적 작용이요, 신의 권능에 관계가 없는 것이라" 하더라.

그러나 편집자는 생각하건대, 만일 그러한 것을 따라서 하나님의 권능이 아니고 심리적 작용만 된다 할진대 지금 되는 일 중에 12세 되는 어린아이든지 혹은 정신이 어두워서 정신병자든지 지금은 내 병이 낫겠다고 스스로 생각할 줄을 알지 못하는 자의 낫는 것은 무슨 법으로 되며, 또 경성 총회 때에

된 바 함석규 씨의 아들 함덕용은 천 리 밖에서 병들어 누웠는데 천 리 밖에 있는 그 부친이 그 아들을 위하여 대신으로 기도를 받으며 그 아들에게 '내가 지금 너를 위하여 김 목사에게 기도를 받노라' 하는 통지도 없었는데 그 기도를 받은 시간에 곧 병이 나았으니, 이것은 무슨 법으로 된 것이뇨? 혹 심리적으로 되는 것이 없다고는 아니하겠지만 지금 이 일을 전혀 심리적으로만 된다 하고 하나님의 권능이 아니라 하면 이는 하나님의 권능을 멸시하는 것이라 하겠으니, 하나님의 권능을 귀신의 권능으로 돌리는 것이나 하나님의 권능을 심리(心理)에 부치는 것이 무엇이 다르리오? 심히 원통하도다. 왜 당신은 심리로 남을 낫게 하지 아니하느뇨? 남을 불쌍히 여기지 아니함으로 남을 고쳐 주고 싶은 생각이 없어서 그러하뇨? 당신도 심리로 남의 병을 고쳐 주었으면 좋을 것이 아니뇨.

(2) 또 말하기를 "내가 병고침 받은 자를 보건대 앉은뱅이나 혹 소경이라도 다리가 다른 사람과 같이 완전히 있고 눈방울(눈알)이 다른 사람과 같이 있는 것을 걷게 하며 보게 하였으나, 다리 하나가 없든지 눈알 하나가 없는 것을 있도록 만든 것은 하나도 없으니 만일 하나님의 능력일진대 왜 없는 것을 있게 못 하겠느냐? 그런고로 이는 하나님의 권능이 아니라 하노라" 하더라.

이도 또한 잘못 생각함이니, 앉은뱅이의 다리를 보아도 타인의 다리와 같지 아니한 것이며 소경의 눈을 보아도 이미 무슨 허물로 씌웠으니, 어찌 다른 사람의 눈과 같다 하리오? 이것을 낫게 한 것은 왜 하나님의 권능이 아니라 하느뇨? 또 사도행전 3장 7절을 보니, "우편 손을 잡아 일으키니 발과 발목뼈가 힘을 얻었다" 하였고, 없어졌던 다리가 생겨 나왔다 한 말은 없도다. 그러나 사도행전 4장 16절을 보니, "저희가 유명한 이적 행함을 예루살렘에 사는 백성에게 나타내었으니 우리도 능히 없다고 못 할지라" 하였으니, 저희는 비록 원수라도 그것을 이적이 아니라고 못 하였고, 또 마가복음 8장 23절을 보니, "예수 소경의 눈을 붙드시고 마을 밖으로 나아가사 눈에 침을 뱉으시며 손을 대시고 물으시되 무엇이 보이느냐 하시니" 하였고 본래 눈알이 없던 것을 눈알이 나오게 하셨다 하신 말씀이 없으며, 성경 전편을 다 보아도 어떤 병자를 고치실 때에 다리나 눈이나 팔이나 없어진 것을 있게 하셨다 한 말씀이 없으니, 그러하면 성경에 쓴 말씀도 이적이 아니라 하느뇨? 또한 하나님의 능력이 아니라 하느뇨? 깊이 생각하기를 바라노라.

(3) 또 말하기를, "그뿐 아니라 이 같은 일은 지금 우리 믿는 자 중에만 있는 것이 아니고 아니 믿는 자 중에라도 있으니, 이것을 어찌 이적이니 하나님의 권능이니 떠들 것

이 무엇이냐?" 하는도다 그러나 편집자가 생각하건대 그도 그렇지 아니한 것이 예나 지금이나 물론하고 하나님의 보이심과 도우심으로 되는 이적도 있고, 사람의 뜻을 좇으며 사특(邪慝)한 술법을 인하여 되는 술수도 있는 것이라.

예를 들어 말하자면, 지금 세상에 유행하는 최면술이나 옛날 애굽 술객(術客, 점술에 정통한 사람)들이 행하는 마술 같은 것이라. 그러면 세상 사람이 혹 다른 법으로 이러한 일을 행하는 것이 있다 하여 하나님의 권능과 예수의 이름으로 행하는 이적도 이적이 아니라 할 수 있느뇨? 사도행전 3장 12절과 16절을 보면 베드로가 이것을 보고 백성에게 말하되, "이스라엘 사람들아, 이 일을 왜 기이하게 여기느냐? 우리 권능과 거룩함으로 이 사람을 다니게 한 것처럼 어찌 우리를 주목하여 보느냐? 그 이름을 믿는 고로 그 이름이 너희가 보고 아는 사람을 성하게 하였으니, 예수로 말미암아 난 믿음이 이 사람을 너희 모든 사람 앞에서 완전히 낫게 하였느니라" 하였으니, 지금 우리의 눈앞에서 행하는 일이 그 누구의 이름으로 되는 일이뇨? 예수를 믿는 그 믿음이 행하는 일이 아니뇨?

사도행전 8장 9~13절에, "시몬이라 하는 사람이 본래 성 안에서 요술을 행하여 사마리아 백성을 놀라게 하며 제 몸을 크게 자랑하니, 낮은 사람부터 높은 사람까지 다 복종하여 가로되 이 사람은 하나님의 권능이니, 크다 하리로다 하더라. 오래 요술로 백성을 놀라게 하며 저희가 다 복종하더니, 빌립의 하나님의 복음과 예수 그리스도의 이 이름 전함을 믿고 남녀가 다 세례를 받으니, 시몬이 또 믿고 세례를 받은 후에 빌립과 같이 다니며 그 행하는 이적과 큰 권능을 보고 놀라더라" 하였다. 또 출애굽기 7장 12절을 보니, "모세와 아론이 가서 바로를 보고 여호와께서 명하신 대로 행할 때 아론이 바로와 및 그 신하들 앞에 지팡이를 던지매 곧 변하여 뱀이 되거늘 바로가 또한 박사와 박수(무당)를 불러오니 저희는 곧 애굽의 술객이라. 그 술법으로 또한 이렇게 행하여 각자 그 지팡이를 던지니 다 변하여 뱀이 되었으되 아론의 지팡이가 그 지팡이를 삼키는지라" 하였다. 그런즉 저 요술하는 사람 시몬의 행한 바와 저 애굽 술사들의 행한 바 요술의 까닭으로 인하여 빌립이 그리스도의 이름으로 행한 것도 권능과 이적이 아니라 할 수 있느뇨? 하나님의 영광을 세상일과 같이 돌리고 그리스도의 이름으로 되는 권능을 요술과 같이 돌리고자 하는 자여, 그 완악하고 믿지 아니하는 마음을 속히 돌이켜 회개하기를 바라노라.

(4) 또 말하기를, "만일 하나님의 권능일진대 위하여 기도하는 사람은 다 고침을 받는 것이 합당치 아니하뇨?

또 이미 나은 사람은 갱발하는 일이 없어야 될 것이 아니냐? 내가 보니 기도를 받은 자는 매일 수백 명씩 되나 나음을 받는 자는 몇 사람이 되지 못하며, 또 나았다 하던 자가 갱발하는 자가 많으니 어찌 하나님의 권능이 이와 같이 부족하뇨?" 하는도다.

여보시오, 형제여. 이는 더욱 그렇지 아니한 이유가 있소이다. 누가복음 4장 25절에서 27절을 보면 예수 가라사대, "내가 진실로 너희에게 이르노니, 이전 엘리야 때에 하늘이 3년 여섯 달을 닫히어 온 땅이 큰 흉년이 들매 이스라엘에 과부가 많되 엘리야가 보내심을 받들어 그중에 하나에게도 가지 않고 오직 시돈 땅에 있는 사렙다 고을 한 과부에게만 갔고, 또 선지자 엘리사 때에 이스라엘에 문둥이가 많되 깨끗함을 얻은 사람이 그중에 하나도 없고 오직 수리아 사람 나아만 뿐이니라" 하셨다. 또 사도행전 14장 8절에서 10절을 보니, "루스드라에 한 사람이 있어 앉았는데 나면서 앉은뱅이가 되어 두 발에 힘이 없어 다니지 못하더니, 바울이 말하는 것을 듣거늘 바울이 주목하여 보고 그 믿음이 있어 나을 줄 알고 크게 소리하여 가로되 일어나 두 발로 바로 서라 하니, 그 사람이 곧 뛰어다니는지라" 하였으며, 또 누가복음 7장 50절을 보니 "예수 여인더러 일러 가라사대 네 믿음이 너를 구원하였으니 평안히 가라 하시니라" 하셨으니, 이 모든 말씀의 뜻을 생각하면 그 시대에 병자가 비록 많이 있을지라도 믿지 아니하는 자는 고치지 아니하신 것을 가르치셨다. 요한복음 5장 14절을 보면 "그 후에 예수 성전에서 그 사람을 만나 이르시되 네가 나았으니 다시는 죄를 범하지 말고 더 큰 증세가 발할까 염려하라" 하셨으니, 이는 병고침 받았던 자라도 범죄함으로 갱발할 일이 있는 것을 가르치신 말씀이 아니뇨. 그러면 하나님의 말씀이 이같이 밝히 가르치셨으니 다시 무슨 말을 하리오.

편집자가 살펴보건대, 자기의 병을 고쳐 주기를 바라고 기도하여 달라 하며 오는 자들 가운데 깨끗하지 못한 생각과 말과 행실을 고치지 아니하고 마치 돌미륵[석불石佛]에 제향祭饗(제사) 드리는 모양으로 외면적으로 나아와 굴복하고 속마음은 믿지 아니함과 불의함과 음란함과 괴악怪惡함이 가득하였으니 그 어찌 낫기를 바라며, 하나님의 뜻은 이 시대의 병자를 다 고쳐 주시고자 하는 목적이 아닌 고로 잘 믿는 자라도 무슨 까닭을 인하여 고쳐 주시지 아니하는 것이 있다[고린도전서 12장 7~9절]. 또 나았던 자라도 범죄하고 배교하고 조심치 아니하는 것이야 어찌하리오. 더 큰 증세가 발하는 것이 마땅치 아니하뇨? 그러한 것을 인하여 하나님의 권능이 아니라 하는 것은 도리어 잘못 생각함이라 하노라.

또 그뿐 아니라 하나님께서 이 이적을 보이시는 큰 목적은 병자들의 병만 고쳐 주시려 함이 아니라 이적으로 말미암아 하나님의 권능과 크신 은혜를 나타내어 사람들로 하여금 보고 믿어서 그 영혼을 구원 얻게 하고자 하심이니, 그런고로 주님 당시와 사도들 당시로 말하던 유대 말세인즉 무론無論(말할 것도 없이) 각색 병자와 여러 가지 병신이 많이 있을 것은 가히 생각할 수 있는 것이지마는 성경에 기록한 대로 고침을 받은 자는 몇 사람에 지나지 못하니, 이는 병자와 병신이 그뿐이 되어 그러한 것이 아니라. 그러므로 오늘 우리 눈앞에서 되는 일도 각처 부흥회 때마다 모여 오는 병신들이 무수하지만 그중에 특이하게 나타난 병신으로 고침을 받는 자는 한두 사람씩 외에 없으니, 이는 더욱 성경에 기록한 대로 되는 분명한 증거라 하노라.


3. 불철저한 신문기자의 비방

『매일신보』 제4645호[1920년 10월 28일 자]에 어떤 기자가 훼방하여 기토하기를 다음과 같이 하였더라.

"미신적 호기심을 이용하는 전도
예수교를 위하여 고함-"

우리 조선반도에 예수교의 신파新派(새로운 파, 즉 프로테스탄트교)인 금일에 예수교가 들어옴이 불과 40년이지만 전 반도를 통하여 이제 30만 이상의 신자를 두게 되었다 하고, 동同 교의 당국자는 세계에 이것을 자랑하고자 하며 또는 온 반도의 주민 2천만을 예수의 사랑하는 아들, 사랑하는 딸로 화하게 하고자 하는도다. 과연 우리의 정력으로써 능히 2천만을 예수교의 교인으로 만들 수 있을까? 또한 온 반도를 하나님의 성령이 운행하는 성지로 만들 수 있을까? 우리는 저것도 요구하며 이것도 요구하는 바이지만 이에 향하여는 가능성 유무를 단정하기 불가능함으로 고사막론姑捨莫論(이것저것 따져 더 말할 나위 없음) 하거니와, 큰 전란 이후에 각 나라는 이제 정신적, 신령적으로 피로해진 국민의 원기를 회복하려 하기 때문에 예수교의 전도 사업이 일층一層(한층) 더 전파되어, 동시에 이를 위하여 열성을 다하는 경향이 서西에서 출현되자 곧 동東에서도 이를 본받고자 함은 동서 대륙에서 백성의 안녕을 위하여 축도하는 바이라.

그러나 조선에 예수교가 들어온 지 근 40성상星霜(40년) 간에 진실로 예수의 인격과 신격을 철저히 아는 자가 없음에 대하여는 우리도 또한 조선의 예수교 신자, 그중에도 동同 교의 교역자를 위하여 탄식을 발하는 바요, 동시에 저희들 교역자의 동同 교의 교지敎旨(종교의 취지)에 대한 공부와 연구가 박약함에 대하여 탄식하는 바이라. 저 신성무흠神聖無欠한(거룩하고 성스러우며 흠이 없는) 세계적 종교인 예수교로 하여금 일종의 사교邪敎와 같이 처리하는 조선인 목사가 있음을 때때로 접문接聞하고(즉하고) 우리는 미상불未嘗不(아닌 게 아니라 과연) 경탄하지 않을 수 없었노라.

오직 전도의 수단간 될진대 등 뒤의 예수도 잊어버리는 태도가 없지 아니함은 지방 예수교 교역자의 일반적 경향이며, 동시에 어떠한 방법과 수단을 취할지라도 하늘에 대하여 부끄러워할 바가 없음과 사람에 대하여 부끄러워할 바가 없음으로 생각하는 듯하더라. 저희는 전도할 때마다 어리석은 촌맹村氓(촌백성)과 무지한 부녀의 미신 호기심을 이용하여 저희들로 하여금 미혹하게 하니, 이 어찌 신성한 예수교의 교역자로서 감히 취할 수단이 되리오? 무릇 우리의 질병은 심리心理 안의 심령과 자못 관계가 밀접하여 심리의 어떠함에 의지하여 이를 약간 치료할 수 없음은 아니로되, 골수에 든 여러 해의 육체적 질병은 아무리 하여도 심령학心靈學(심령 현상을 연구하는 학문)에 비추어 이를 근치根治(근본적 치료)하기 불가하도다.

이와 같음에도 불구하고 일종의 기도와 또는 신·구약을 낭독할 뿐으로써 어찌 골수에 든 질병과 또는 선천적 병신이 완치되어 선인選人(선택된 사람)의 기쁨, 완인完人(병이 완전히 나은 사람)의 즐거움을 얻을 수 있으리오? 물론 우리도 바이블에 기록된 예수의 기적을 읽음이 없지 아니함은 아니로되, 우리는 예수의 은총, 아니 하나님의 은총을 받지 못한 자이기 때문인지 저의 기적에 대하여 십분十分(충분히) 의심을 품지 않을 수 없도다.

근일 아무 교당에서 소위 부흥회가 개최된 바 이에 대한 강도講道(교리를 알기 쉽게 설명함)의 책임에 당하였던 김 모某(김익두 목사)라는 목사의 전도하는 수단이야 미상불 교묘하기 무쌍하였도다. 곧 저는 가로되, "예수를 믿으면 수태하지 못하는 부녀자도 반드시 수태할 것이요, 이밖에 천생天生의 (타고난) 병신, 다년多年의 병신도 반드시 근치되어 선인選人의 즐거움, 완인完人의 즐거움을 반드시 얻을 수 있다." 저는 대언장담大言壯談(분수에 맞지 않는 말을 과장해 지껄임)을 발하면서 실제로 시험하는 듯이 하여서 일반의 무지한 부녀들로 하여금 이에 현혹하게 하였도다. 가히 놀랄 만큼 저 무지한 부녀자들은 예수를 믿음보다 각인의 있는 바 질병을 치료하고자 저 김모라는 목사에게 치료의 기도를 받고자 상하 사방으로 연일 구름 모이듯하였다고 전하는도다. 우리는 우선 강도의 책임을 담당하고 있는 김모란 목사가 구차하게 부녀자의 미신적 호기심을 이용하여서 전도해야만 되는 조선의 전도를 위하여 슬퍼하였으며, 또는 신성한 예수교의 목사로서 부녀자를 현혹케 하는 수단을 취함에 대하여 또한 슬퍼하는 바이라. 저 조선 유일의 목사이자 이 조선에서 예수란 칭호를 받는 길선주 씨가 지금에 이르러 눈에 밝음을 잃음(시력을 잃음)이 곧 신앙력이 부족한 연고인가. 기도의 정성이 부족한 연고인가. 우리는 이에 한 웃음을 금하지 않을 수 없도다. 저희 경향에 있는 바 예수교 교역자의 전도 방법과 수단이 촌맹村氓(촌백성) 부녀자의 미신적 호기심을 이용하는 것이야말로 진실로 가증가오可憎可惡하다(미워할 만하고 싫어할 만하다) 하겠도다.

편집자는 구태여 여러 말로 변론을 하고자 하지 않고 『기독신보』 제257호 1920년 11월 10일 자의 사설을 소개하고자 하노라.

"이 세대의 완악함이여"
근심하는 자를 보면 함께 근심하고 즐거워하는 자를 대하면 함께 즐거워함은 사람의 상정常情(공통적인 인정)이거늘, 근심하는 자를 비소非笑하며(비방하거나 비웃으며) 즐거워하는 자를 악평惡評함은 인면人面(사람의 얼굴)에 무슨 심정인가. 시성詩聖(위대한 시인) 타고르 씨가 기록한 것 중 한 구절을 인증引證(증거로 인용)하노라. 타고르 씨가 일일一日(하루)은 갠지스강 위에 배를 타고 주자舟子(뱃사공)로 노를 저으며 떠서 노는데 그 밤에는 달이 밝고 바람이 맑아 물빛이 하늘을 접하였는데 물고기가 자연의 흥을 이기지 못하여 물결 위에 뛰어오르니, 은린銀鱗(은빛 비늘)의 빛과 파월波月(물결과 달)의 빛이 서로 사귀니 황홀하여 그리기 어려운 경색景色(경치)이라. 타고르 옹翁은 자연의 은혜를 깊이 감사하여 화필畫筆로 그리려 하여도 어렵고 시구詩句로 읊으려 하여도 되지 않는지라. 감탄하기를 마지아니하고 배 가운데 앉아서 조물주 곧 천지의 대 주재 되시는 하나님께 찬송을 하고자 하였는데, 주자가 이것을 보고 "아, 큰 고기가 뛴다. 잡아서 먹었으면 배부르겠다" 하였더라. 같은 사실을 볼지라도 자기의 감정을 따라 하나는 선善으로 선을 말하고, 하나는 악惡으로 악을 말함은 고금古今이 일례요, 동서東西가 일철一轍(같은 수레바퀴 자국, 먼저 있었던 경우를 똑같이 되풀이한다는 뜻)일까 하노라.

근일 경성 교회에서 김익두 목사가 부흥회를 베풀매, 신자와 및 불신자 만여 명이 한 곳에 구름 모이듯하여 성신 감응의 은혜에 목욕하고 회개의 불세례를 받은 결과로, 난치難治의 병자가 나으며 냉정한 신앙이 열성을 발하였으며 완미고집頑迷固執한(융통성 없고 고집 센) 자가 통회 자복하고 새로이 도리를 사모하는 자가 됨은 열 눈에 보는 바이며 열 손에 가르치는 바이거늘, 사면팔방四面八方(사방팔방)에 한 기자는 심성의 완패頑悖함(고집스럽고 도리에 어긋남)을 드러내어 추언악설醜言惡說로 무쌍한 사괴邪怪(이상하고 비경상)의 말을 더하였으니, 또한 무슨 심사인가? 진실로 저희 불쌍함을 위하여 오히려 저주하지 않고 위하여 애석하노라. 악은 악을 빌어 악을 발하고 선은 선을 의지하여 선을 행한다 함을 이에 비로소 깨닫겠도다.

오호라, 동포의 심리여. 동포를 사랑함은 동물 위에 초월한 영장된 인류의 본성이거늘, 무슨 연고로 동포를 멸시하며 동포를 질투하느뇨? 사실을 변명하고자 함이 아니요 증명하고자 한즉, 부득불 차례로 들어 말하노라 부녀자를 유혹하였다 하니 금은의 보배와 다수의 금전을 무리하게 강취强取(강탈)하였으면 경찰 당국에서 취체取締(규칙, 법령 등을 지키도록 단속)하지 아니하였겠는가? 광명정대光明正大하게 자원, 자의로 드린 것임은 다시 말할 여지가 없거늘, 어찌하여 유혹의 수단으로 행함이라 하느뇨? 이는 그릇됨이 심하도다. 또는 금전과 패물 등속을 김익두 씨가 자취자용自取自用함(자기가 취하여 마음대로 씀)도 아니거늘, 어찌하여 추괴醜怪한(추하고 괴이한) 채모蔡某(부당하게 재물을 탐낸 고려의 문신)에게 비하였는가, 이는 어불성설이 아닌가? 깊이 생각하라. 또는 송도松都(고려의 수도 개성의 옛 이름. 여기서는 고려 시기를 의미함) 말년 승려의 추행을 인설引說하였으니(인용해 말했으니), 망증妄證(이치에 맞지 않는 증언)으로써 사람을 악평함이 자기의 지위를 스스로 헐게 하며 스스로 상하게 하니 지극히 위하여 충고하노라.

대저 사람이 공측空側한(공허한) 사상이 작용될 동시에는 오히려 정신이 사악에 취하여 어조가 괴이하고 글귀가 추악하여지느니, 사면팔방 기자 군君이여 이것을 기술할 때에 악마에 유혹함인가 하노라. 과연 그렇지 않을 것이면 정평正評(공정하고 바른 평론)은 못할지언정 그 다시 악평의 붓을 씀은 실로 생각 밖의 일이라 하노라. 필묵筆墨 생활함(글을 쓰며 생활하는 것)은 동업이라는 감상이 없지 아니한데, 붓으로 사람을 헐뜯고 사람을 해함은 한 가지의 죄악이라 할는지는 모르거니와 의로운 행위라고는 일컫지 못할 것은 누구의 말을 기다리지 않고 스스로 판단하리로다.

예수 가라사대, "하나님을 훼방하거나 나를 욕함은 용서를 얻으려니와 성신을 훼방함은 용서를 얻을 수 없다" 하셨으니, 차라리 하나님에 대하여 무신론을 주창하거나 예수에 대하여 악평을 할지언정 성신에 대하여 한 마디도 외람되게 훼방치 말지어다, 다시 삼갈지어다.

4. 어떤 전도사의 비방하는 강도講道(설교)

평양 어떤 예배당에서 어떤 전도사가 강도하면서 비방하여 말하기를, "성경 말씀을 보니 예수께서 행하신 권능은 다만 말씀 한마디로 병자를 낫게 하셨으니, 그것이 곧 권능이며 곧 이적이며 믿음이라 할 수 있거니와, 이즈음에 어떤 목사가 기도함으로 병자를 낫게 한다 하는 것을 보건대 병자 한 사람을 위하여 두세 번 혹 네다섯 차례씩 기도를 하여야 비로소 낫는 것을 보았으니, 그것이 무슨 권능이며 그것이 무슨 이적이며 그것이 무슨 믿음으로 하는 것이라 하리오?" 하더라.

참 이상한 말이로다. 이것이 권능이 아니면 무엇이며 이적이 아니면 무엇이며 믿음으로 하는 일이 아니면 무엇이라 하는 말인지 그 뜻을 알 수 없도다. 권능이 아닌데 어찌 하나님께 기도해서 앉은뱅이가 일어서며, 믿음이 아니면 어찌 병자가 나으리오. 네다섯 번은 고사하고 열 번 스무 번이라도, 다만 기도만 함으로 소경이 보게 되고 등곱쟁이가 펴이고 의사가 능히 고치지 못하는 여러 모양의 병신이 곧 나음을 얻는 것이 이적이 아니라 하면, 무엇이라 하겠는가. 여러 번 기도하여서 되는 것은 권능도 아니고 이적도 아닌가?

구약 때에 엘리사가 수넴 여인의 아들이 죽은 것을 다시 살릴 때에는 먼저 그 종으로 하여금 지팡이를 그 죽은 아이에게 놓았으나 살아나지 아니하였고, 그 후에 한 번 기도하였으나 당장에 살아나지 아니하였고, 다시 그 아이의 몸에 자기의 몸을 대되 살아나지 아니하였고, 그 후에 다시 그 아이의 몸에 자기의 몸을 대인즉 살아났으니, 그러면 이것은 주님께서 나사로를 살리신 것과 대상부동大相不同한지라(매우 다른지라). 이것이 주님의 하신 것과 같지 아니하니 이적이 아니라 하느뇨?

참 이상한 생각이로다. 여보시오, 형님이여. 당신의 속에 그 반대하는 생각이 어찌하여 일어났으며, 이것을 권능도 아니요 이적도 아니라 하는 그 말을 왜 하는가? 이는 바로 말하자면 곧 김익두 씨의 행하는 일을 칭찬하여 "그 형님은 참으로 은혜를 많이 받았다" 하는 말을 하기 싫어하는 마음에서 나온 것이 아닌가? 이것을 과언過言(지나친 말)이라 할는지 모르거니와, 우리 주님께서도 전도하실 때에 아주 믿지 아니하는 자의 비방과 핍박보다도 소위 잘 믿노라고 하는 바리새교인의 비방과 핍박을 더 많이 받으셨고 [마 12:13~14, 22~24], 바울도 전도할 때에 역시 잘 믿는다 하는 바리새교인들의 핍박과 비방을 더 많이 받았나니 [행 17:5~13], 형제도 역시 그 바리새교인의 심사를 가지지 아니하였는가 스스로 깨닫기를 바라노라.

간악하고 믿지 않는 세대여, 너희는 과연 주님의 말씀하심과 같이[마 11:17], "우리가 너희를 향하여 피리를 불어도 너희가 춤추지 않고, 우리가 슬픈 소리를 하여도 너희가 가슴을 치지 아니하였다" 함과 같도다. 너희의 눈으로 이적을 보지 못하였을 때에는 이적이 없는 것이라 하더니, 이제 너희 눈으로 이적을 보게 된즉 또 말하기를 이는 이적이 아니며 권능도 아니라 하는도다. 더욱이 믿는 자 중에 이것을 반대하며 심리心理에 돌리고 권능에 부치지 아니하는 자여, 너희가 옛 시대에 바리새교인들의 믿지 아니함과 그 시기하는 괴악한 마음을 책망하며 흉보나니, 그때에 권능을 보고 믿지 아니한 것과 오늘에 권능을 보고 믿지 아니함이 무엇이 다르뇨? 너희는 현대 바리새교인인 줄을 깨닫지 못하느뇨? 너희는 지금 곧 시기와 믿지 아니하는 마음을 품은 것이 아니뇨? 이 충고하는 말을 들을 때에 도리어 이 편집자를 가리켜 미련한 자라 하며 미신의 무리라 비방하며 무식한 일군이라 욕할 줄을 아노라.

    너희 유식하게 믿는 형제여, 적이(상당히) 무식하여지기를 바라노라. 요한복음 9장 37절에서 41절에 "예수 가라사대 내가 심판하러 세상에 내려왔으니 보지 못하는 사람으로 보게 하고 보는 사람으로 보지 못하게 하리라 하시니, 같이 있는 바리새교인이 이 말씀을 듣고 가로되 우리도 눈이 멀었느냐. 예수 가라사대 너희가 눈이 멀었으면 죄가 없으려니와 지금 말하기를 우리가 본다 하기로 죄가 그저(그대로) 있느니라" 하셨느니라.

# 제7장 평안남도에서 된 일

## 제6회 평양 칠당회七堂會의 부흥회

동년 6월 21일부터 일주일간 평양부 칠당회의 주최로 평양 장대현 예배당에서 부흥회를 하였는데, 이때는 본 명증회가 조직되기 전인 고로 상고한 일이 없고 다만 그 시에 『동아일보』에 기재된 사실 외에 더 알 것이 없으나, 한 가지 특별한 일은 평북 안주 지경地境에 있노라 하는 늙은 부인 한 사람이 여러 날 동안 장대현 예배당 뒤 언덕에서 큰 소리로 증거하여 말하기를, "나는 12년 전에 중병을 앓다가 벙어리가 되어 12년 동안 말을 못 하고 지내었는데, 몇 날 전에 한 꿈을 얻은즉 어떠한 백발노인이 나타나 말하기를 '네가 지금 동남을 향해 가면 의인을 만나리라' 하기에 곧 깨어본즉 꿈인 고로, 즉시 떠나 여러 날 만에 이곳에 와서 본즉 사람이 많이 모였는데, 다른 사람들의 기도 받는 대로 기도를 받았더니 지금은 곧 혀가 풀리어 말하게 되었노라" 하며 심히 열광적으로 증거하더라.

이것은 평양부 교인들의 본 대로 말하는 것을 들어서 기록한 것뿐이고, 본 명증회에서 조사하여 보지 못한 고로 그 주소와 성명과 사실을 분명히 알지 못하느니라. 이때에 모인 사람은 거의 만 명이나 되겠다 하며, 연보하던 정형을 들은즉 사람들이 모두 취한 모양과 같이 한 사람이 4, 5번씩을 내었는데, 가령 어떤 부인은 처음에 돈으로 얼마를 드리고, 그다음은 다시 자기의 월자月子를 풀어드리고, 오히려 부족하여 자기의 갖저고리(짐승의 털가죽을 연에 댄 저고리)를 벗어드리고, 또 패물까지 드렸다 하더라. 이러한 것을 보면 그때 사람들의 열심이 얼마나 부흥된 지를 알겠고, 또 이 아래 『동아일보』에 기재된 것을 보아도 알지니라.

동아일보 제92호 번등[7월 3일 제3페이지]

"제자의 교육을 위하여 오십 개의 금지환金指環(금가락지)
숭덕학교에 유지금으로 6만 원을 연보한 평양 인사"
지난 21일 오전 4시부터 평양 장로회 연합부흥회는 평양 일곱 예배당의 모든 교도들이 함께 장대현 예배당에 모여, 신천에서 청하여 온 김익두 목사의 뜨거운 강도 연설이 있었는데, 본래 김 목사는 명성이 높은 군자라 그의 숭고한 인격을 사모하여 모여드는 남녀 신도가 거의 4, 5천 명에 이르러 평양 시가가 빈 듯하게 되었다. 이는 예수교가 평양에 들어온 후에 처음 보는 성황이며, 김 목사는 수일 침식을 잊고 기도와 강도를 계속할 새 시시각각으로 모여드는 군중은 점점 많아가는 중에 더욱이 27일 오후 2시부터 사립 숭덕학교를 영원히 유지할 계획을 세워야만 하겠다는 연설 중에 "오늘 우리의 급무急務는 교육이라. 지식이 없는 자는 살았으나 죽은 자라. 넓은 평양 강산에 우리의 손으로 세운 완전한 중등학교가 없는 것은 산 좋고 물 좋은 금수강산에 똥칠을 함과 다름이 없으니, 만일 여러분이 다 쓰러져 가는 숭덕 하나를 다시 일으키지를 못하겠거든 차라리 흘러가는 대동강 물에 빠져 죽는 것이 옳겠다. 정신적으로는 생명을 죽여 가며 육체만 살아 움직인들 무엇이 그리 신선하겠느뇨?" 하는 구절에 이르러서는 수천 명 군중은 미친 듯 취한 듯 흥분된 신경을 걷잡지 못하여, 어느 무명씨는 즉석에 숭덕학교를 위하여 일만 원을 기부하니, 뒤를 이어 일어나는 기부의 소리는 미처 수습할 길이 없이 답지하여 1,000원 혹은 500원씩 내어놓는 이가 무수하며, 현금을 가지지 못한 부인들은 머리에 꽂았던 비녀와 월자 등속과 손에 끼었던 반지, 가락지까지 기부하였는데 월자가 700여 쌍이요, 금반지가 50여 개요, 은장도가 20여 개, 기타 시계와 의복과 유기반상鍮器盤床(놋그릇 소반), 별별 가지 기부가 산같이 쌓여 현금과 합하여 계산하니 거의

60,000원에 달한지라. 실로 공전空前의 대성황을 이루었더라 하였더라."[평양]

제16회 진남포 부흥회가 되었는데 기록하여 보낸 것이 없으므로 이에 편입하지 못하느니라.

## 제17회 평양에서 아이의 병이 나았다가 믿음을 배반한즉 병이 다시 발하고 회개하고 기도를 다시 받은즉 병이 다시 나음

동년 11월 17일부터 28일까지 평양성 장대현 예배당에서 선생을 청하여 제2차 부흥회를 열었는데, 회중은 수천 명이 되었으며 그중에 병자가 사오백 명이고, 매일 저녁 강설 후에 예배당 후원後園과 예배당 안에는 금식하며 잠을 자지 아니하고 기도하는 자가 매우 많으며, 병고침을 받았노라고 증거하는 자는 120여 명이나 되었으며, 동시에 양로, 고아원을 위하여 연보를 하였는데 그 수가 (원문 누락)에 달하였더라.

편집자는 동同 26일에 재령으로부터 이 부흥회 장소에 이르렀는데, 어떤 젊은 여인 한 분이 편집자를 찾아 힘써 증거하는데, 저는 중화군 양정면 삼합리 김영조의 부인이더라. 그의 제2녀 춘옥 7세는 4년 전에 그 형에게 업혀 밖에 나갔다가 높은 곳에서 떨어져서 우편 무릎이 상하여 오랫동안 앓더니 필경 구부러지고 펴지 못하게 되어 무쌍히 고생을 하더니, 지나간 여름에 황주교회 부흥회 때에 그 조모(祖母)가 업고 나아와서 수차 기도를 받은 후에 곧 은혜를 받아 부은 것이 나아지고 구부러진 것이 펴져 여상히(평소와 같이) 걷게 되었더라. 그런고로 그 아니 믿던 아버지와 어머니까지 기뻐 감사하며 믿더니, 그 후 두어 달을 지나서 그 아이는 완전하여졌고 자기들의 믿음은 점점 냉락(冷落)하여 사업에 분주하다는 핑계를 하며 2, 3주일이나 예배당을 멀리하고 또 그 아버지는 술도 먹으며 아주 배교할 지경에 이르렀더니, 한 날은 이 아이가 오한증(惡寒症)을 일으켜서 심히 고통을 하며 두 다리가 다시 붓고 구부러지고 펴지 못하게 된지라. 집안사람들은 모두 심히 놀라서 저희가 하나님께 범죄함을 한탄하며 심히 두려워하더니, 마침 이때에 평양 부흥회 소식을 듣고 그 모친이 아이를 업고 들어와서 자기의 죄를 자복하며 눈물을 흘리고 기도하며 선생의 안수기도함을 받았더니, 곧 다시 나아서 완전히 되었다 하더라.

이러한 말을 할 때에 그 아이는 방안에서 걸어 다니는데 그 걸음이 여상하고, 또 "네 무릎이 아프지 아니하냐?"

물은즉 "아프지 아니하다" 대답하더라. 이것을 한 가지로 보고 듣는 여러 사람은 영광을 하나님께 돌려 말하기를 "하나님께서 우리가 안 믿고는 견딜 수 없도록 보여 주신다" 하더라.

또 용강군 오신면 덕해리 김도학의 아들 재벽 13세는 11년 전에 풍증을 일으켜 우편 손이 구부러져 쓰지 못하고 음식을 왼손으로 먹으며 글자를 쓰는 것도 왼손으로 쓰며 11년간을 병신으로 지내었더니, 이 아이는 너무 억울하던 중에 진남포 부흥회 때에 자기가 열심으로 가서 기도를 받은 후에 점점 우편 손에 맥이 돌며 펼 수가 있는지라. 이 아이는 더욱 열심과 믿음이 일어나서 이번 부흥회까지 와서 기도를 받았더니, 지금은 곧 완전하게 되어서 우편 손으로 음식을 먹으며 글자를 쓰게 되었으니 그 기쁨이 한량없고, 이 일을 증거하여 기록할 때에 보는 여러 사람이 다 영광을 하나님께 돌리며 또한 그 아이와 한 동리에 있다고 하는 김취신, 한영돈 양씨는 열심으로 이 일을 증거하더라. 이날 오후 4시경에 이 두 아이는 장대현예배당에서 촬영하였느니라.

이외에 뇌병과 귓병과 콧병과 입병과 목병과 담종痰腫(담이 한군데로 몰려 생긴 종기)과 적체積滯와 흉복통胸腹痛과 혈루증과 다리병과 해소병과 간질과 허리병과 나면서 조막손이 된 것과 이러한 여러 병자가 다 고침을 받았으나 일일이 기록하지 못하느니라.

# 제8장 전라남도에서 된 일

## 제12회 목포 부흥회

동년 9월 13일에서 19일까지 일주일간 전라남도 목포에서 부흥회를 하였는데, 그 성황의 어떠한 것과 기타 된 일은 후고後考한(나중에 고찰한) 것이 없고 다만 한두 사람의 병고침 받은 것만 상고하여 기록하느니라.

목포부 죽동 131번지 조정업 42세는 4년 전에 치질병을 얻어서 오래 고생하며 의사의 치료를 많이 받은 것만 일곱 번이나 되었더라. 그렇게 심히 고생하며 치료하였으나 조금도 낫지 못하였더니, 이 부흥회 때에 선생에게 안수 기도를 받은 후에 곧 나음을 얻어 지금은 완전하여졌더라.

또 이와 동시에 목포부 북교동 66번지 하창용의 부인 김영애 당년 49세는 6년 전부터 골절통이 있어서 항상 쏘고 저려 견딜 수 없으며 더욱 밤에 잘 자리에 누우면 너무 심히 아파서 잠을 이루지 못함으로 이를 인하여 수다한 의약을 쓰며 6년간 고상으로 지내더니, 이번 부흥회 때에 선생의 기도를 받고 곧 깨끗함을 얻어 기거起居 행동을 쾌활히 하여 완전히 나았더라.

이는 1921년 2월 19일에 목포교회 목사 이경필 씨가 증거하여 보낸 것이니라. (사진 18)

## 제18회 제주에서 병이 낫고 감사하여 소 한 필을 드림

제주도는 자고로 전남에서 유명한 큰 섬인데 그 풍속 습관이 육지와 다르며 또한 우상 숭배하는 일이 특별히 심한 곳이라. 오래전부터 이 지방에 전도관이 생겨 각처에 교회도 설립되고 점점 좋은 소식이 많이 들리던 중에 동년 12월 3일부터 십일간 제주 성내교회에서 선생을 청하여 부흥회를 시작하였는데, 각 촌락에서 모여 오는 무리가 사오백 명 이러라. 하나님이 그 신령한 말씀으로 심령 상에 큰 감화를 일으키게 하시며 때를 따라 안수기도함으로 육신 상에 큰 은혜도 베풀게 하시니, 한편에서 주의 은혜를 찬송하는 자와 한편에서 주의 권능을 증거하는 자가 심히 많더라.

이 기회를 이용하여 예배당 건축 연보를 시작하매, 혹은 금전으로 혹은 월자와 반지로, 혹은 기명器皿(살림 그릇)과 갓양태(갓모자의 밑 둘레 밖으로 둥글넓적하게 된 부분)로, 혹은 안경과 시계로, 혹은 면주綿紬(명주)와 의복으로, 혹은 짐승으로 혹은 권업채권勸業債券(일즈권업은행에서 발행했던 채권)으로, 혹은 은장도로 각각 열성으로 바친 것이 금전으로 계산하면 2,800여 원이 되니, 과연 하나님의 은혜를 찬송하리로다. 이때에 병고침 받은 자 수가 많으나 다 기록하지 못하고 다만 몇 사람의 일만 기록하였느니라.

1. 제주 동중면 성읍리 이경량 씨의 부인 현석신은 당년이 56세인데 기허풍한증氣虛風寒症(기가 허약해 심한 열과 감기에 시달리는 병)으로 6~7년간 고생하며 의약과 복술卜術(점치는 기술)로 치료를 많이 하도 조금도 효험이 없으므로, 침 놓는 사람에게 매년 가을과 봄으로 소품牛隻(소 한마리)을 네 버리식(네 번에 걸쳐) 즈기로 약조하고 침을 맞으나 역시 효험이 없어 몸이 심히 다리하여 거의 죽을 지경이더니, 선생이 제주에 오신다는 소문을 들은 후에 여러 날 동안을 주야로 기도하며 정성껏 기다리다가 마침 선생에게 안수 기도를 받았더니, 기도를 받을 때에 몸이 더욱 아프고 무거워서 화끈화끈하더니 졸연히(갑작스럽게) 몸이 다시 가벼워지며 정신이 상쾌하여지며 음식을 잘 먹을 수 있으며 소화가 잘 되는지라.

기쁨으로 집에 돌아와서 그 남편에게 은혜받은 사정을 말하였더니, 그 남편은 오히려 믿지 못하는 마음이 있어 그날 밤에 자리에 누워 자는 것을 그 몸을 자세히 만져 보니, 전에는 사지四肢가 심히 차고 전신에 식은땀이 흘러서 만질 수가 없던 몸이 지금은 곧 사지가 따뜻하고 전신이 부드럽고 깨끗하여진지라. 그 남편은 참으로 놀랍고 희한한 생각이 나서 하나님을 믿으며 감사하는 마음으로 사릅 소 한 필三歲牛一匹(세살 소 한마리)을 본 교회에 드려 감사하는 표를 드러내고 모든 사람 앞에 증거하였는데, 지금은 점점 강건하여지며 그 몸과 얼굴에 화기가 창일漲溢하고(넘치고) 그 부부 두 사람은 열심으로 주를 섬기더라.

이는 제주 전도 목사 임정찬 씨와 강남서 씨가 증거하여 보낸 것이니라.

2. 구우면 수원리 양라산 씨는 당년이 41세인데 7년 전부터 풍증으로 전신을 떨며 고생하더니, 금번에 기도 받음으로 곧 은혜를 입어 몸 떨리던 풍증이 완전히 나았더라.

3. 제주면 삼양리 고흥길은 당년이 40세인데 거금距今 십 년 전부터 한편 눈을 잘 보지 못하게 됨으로 여러 방면으로 치료하여 보았으나 효력이 없더니, 금번에 선생에게 기도 받음으로 어둡던 눈이 곧 밝아져서 기쁨으로 회중 앞에 증거하였더라.

4. 동면소面 임낙도는 당년이 31세인데 8년 전부터 요통腰痛이 시작하여 약도 많이 쓰되 낫지 아니하고 필경은

허리뼈가 나왔더니, 금번 기도 받음으로 요통이 그치고 뼈 나왔던 것이 들어갔으니 이 증거를 목격한 무리는 과연 하나님의 권능이 신기함을 보고 그 영광을 찬송하더라.

5. 성내면 채만송 씨는 당년이 44세인데 15년 전부터 다리 병이 나서 여러 가지로 치료하되 종시 낫지 아니하고 필경 힘줄이 당기어 절며 다니더니, 선생에게 기도를 받은 후에 곧 힘줄이 풀리고 다리가 여전함으로 여러 회중 앞에서 활발히 걸어 다니며 증거하더라.

6. 동면東面 백남순 씨의 모친, 당년 51세인 부인의 30년 된 백대하증白帶下토(흰색의 대하가 질로부터 나오는 병)과 동면 김경애의 8년 된 자궁경과 동면東面 김 씨 수산라 66세인 노인의 25년 된 복중조병腹中積病(배 속에 쌓인 오래된 병)과 동면 김재순 18년 된 냉병冷病(하체를 차게 해 생기는 병), 이러한 여러 병자가 다 금번에 아주 깨끗이 나음을 얻고 그 모든 영광을 하나님께 돌리더라.

이는 1921년 2월에 제주 성내교회 목사 김창국 씨가 증거하여 보낸 것이니라.

# 제9장 함경남도에서 된 일

## 제19회 원산에서 18년 된 간질이 낫고 곱사등이가 펴짐

동同 12월 18일에서 22일까지 함경남도 원산에서 부흥회를 열었는데, 공부한 사람 수는 1,000여 명이고 병고침을 받은 이는 170~180명이 되었더라. 그 교회 목사 김영제 씨가 편지한 것을 본즉, 이 부흥회의 결과로 교인이 점점 더 많아지며 인가귀도引家歸道(가족이 하나님을 믿게 됨)되지 못하였던 집이 많이 인가귀도되고, 신앙심이 타락되었던 자가 새로 힘을 얻는 이도 많으며, 또 남녀 교인들이 전도하는 열심이 일어나서 그때부터 지금까지 매 주일 떼를 지어 전도를 한다 하였고, 또한 부흥회 전에는 350명에 지나지 못하던 교인이 부흥회 후로 지금은 매 주일 450명씩 회집하니, 참으로 하나님께서 이번 부흥회에 주신 은혜를 다 감사치 못하겠노라 하였더라.

이때에 함경남도 문천군 명효면 추구미 42번지 조석

만의 모친, 55세 된 이는 큰 은혜를 받아 18년 된 간질이 고침을 받았으니 이 사람은 18년 전부터 이 간질병이 생긴 후로 이때까지 그치지 아니하고 항상 고생하는 중에 있음으로 심히 파리하여 척골(脊骨)이 된지라. 18년 동안 특별히 안 써본 약이 없었으나 일향(一向) 낫지 아니하고 고생만 받을 따름이더니. 이 부흥회 소식을 듣고 첫날부터 찾아와서 선성의 기도를 받은 후에 또 매일 새벽기도회마다 참예하여 간절히 기도하였더니, 그때부터 그 고약한 증세가 없어지고 깨끗하여 지금은 완전한 사람을 이루었더라. [1921년 2월 20일]

또 원산부 와우동 41번지 남궁 씨, 62세 노인은 얼마 전에 등골이 심히 아픈 병이 나서 오랫동안 고생하던 중에 차차 아픈 증세는 멎었으나 그 등뼈가 구부러져서 곱사등이 된지라. 이후부터 그 허리가 항상 아프고 걸음을 제대로 걷지 못하매 그 곤란한 것은 말할 수 없더니. 이 부흥회 때에 지팡이를 짚고 간신히 찾아와서 수차 기도를 받고 곧 나음을 얻어 돌아갈 때에는 지팡이를 버리고 평안히 돌아갔는데 지금까지 완전하더라.

또 원산부 상동 193번지 차준승, 53세 노인은 9년 전에 각기병(脚氣病)이 나서 5리 혹 10리 되는 촌려(村閭, 마을)에도 출입하지 못하며, 심지어 가까운 신시가지도 출입을 못하는지라. 그의 아들이 의사인 고로 정성껏 간절한 진찰과 무수한 약을 썼지만 효험이 없어 심히 고생하더니, 이번 부흥회 때에 처음부터 끝날까지 참예하며 선생의 기도를 받고 또 새벽마다 정성껏 간구하였더니, 그때부터 부지중에 다리가 거뜬하여지며 아픈 증세가 곧 없어지고 든든한 새 힘을 얻은지라. 씨(차준승 씨)는 시험을 할 겸 신시가에 나아갔다가 집으로 돌아오되 조금도 곤함이 없으며, 또 쉬지 아니하고 항상 걸을지라도 아주 강건하여졌으므로 감사함을 하나님께 돌리더라.

동도소道 고원군 수동면 미둔리 양창모는 당년이 19세인데, 13년 전에 우연히 반신불수가 되었는데 이 아이는 그 부모를 일찍이 다 잃고 그 계부繼父의 집 강원도 홍천군 남면 삼마치리에 있었더니, 반신불수가 된 후에 그 계부 집에서 쫓겨나와 걸식하면서 고원군에 들어가 예수 믿기를 시작하여 교회에 의탁하고 있었더라. 이번 원산 부흥회 때에 은혜를 받고자 하여 왔다가 동同 12월 22일 새벽에 기도를 받고 주인집에 돌아가 조반을 먹으려 할 때에 주인이 반상을 들이는 것을 받아 보고[이전에는 자기의 상을 그 손으로 받을 수 없었느니라], 곧 병이 나은 줄을 깨닫고 힘을 써본즉 손과 발에 힘이 있는지라. 심히 기뻐하여 예배당에 와서 여러 사람 앞에 증거하고 그날에 곧 촬영까지

하였느니라. (사진 19)

또 원산부 상리 남촌 25번지 최영묵의 부인, 31세 된 이는 9년 전에 반신불수가 되어 가사를 돌아보는 데 곤란한 것은 다 말할 수 없거니와 더욱이 그 자녀들을 기르기에 심히 곤란하여 무한한 고생을 당하더니, 동同 12월 18일로부터 선생의 기도를 받고 끝날까지 부흥회를 참예하였더니, 그때로부터 차차 손과 발에 힘을 얻어 지금 1921년 2월 20일은 아주 완전하여 밥 짓기와 침재針才(바느질)하기와 자녀 기르기를 임의任意로(하고 싶은 대로) 하고, 몸이 든든함으로 날마다 하나님을 찬송하더라.

동도同道 안변군 학성면 외석교리 180번지 김경련의 아들 학규 당년 8세는 1년 전에 중병으로 인하여 가슴이 구부러지고 우편 다리를 굴신屈伸하지(굽혔다 펴지) 못하게 되어 그 고생은 다 형언할 수 없더니, 이 부흥회 때에 두어 날 동안 새벽 기도에 참예한 후에 곧 가슴 구부러진 것이 펴이고 다리를 임의로 굴신하게 되었으므로 여러 사람 앞에 증거하고 동同 22일에 촬영하였느니라. (사진 19)

동同 원산부 상리 1동 35번지 강납결 당년 42세는 7년 전에 생산한 후에 자궁이 나와서 무수히 고생하며 또 구갈증口渴症(목이 심하게 마르는 증상)이 나서 항상 고생하더니, 동同 12월 18일 새벽 기도를 받고 스스로 간절히 기도하는 중에 우연히 자궁 나왔던 것이 들어가고 그때부터 구갈증이 없어지고 지금까지 완전함으로 그 기쁨을 다 측량할 수 없어 여러 사람 앞에 증거하고, 또 22일에 촬영하였느니라.

이때에 경상남도 부산부 초량동 강흥이 12세 된 여자가 은혜를 받고 증거한 일이 있으니, 이 아이는 출생 시부터 귓병으로 인하여 그 귓속에서 항상 고름이 흘러나와서 이때[12세]까지 무한히 고생하며 누추하게 지내더니, 원산 부흥회가 시작되기 전 15일 전부터 그 부모와 함께 원산교회로 찾아와서 선생이 오시기를 고대하다가 선생이 오신 후에 기도를 받았더니, 곧 그 시로 은혜를 받아 고름이 멎고 아픈 것도 없어지고 깨끗하여 돌아갔느니라.

이것들 외에 동도<sub>소道</sub> 영흥군 홍인면 도랑리 차형순은 당년이 32세인데, 15년 동안 귀에 고름 나던 것이 깨끗이 나은 것과, 동<sub>同</sub> 원산부 명석동 89번지 김리정이 12년 동안 음식을 잘 먹지 못하고 무한히 고생하던 적체병<sub>積滯病</sub>이 곧 완전하게 나은 것과, 평안남도 대동군 율리면 중동 145번지 임득보 50세의 33년 동안 무한히 고생하던 탈음병<sub>脫陰病</sub>이 곧 나은 것과, 원산부 명석동 85번지 한길남의 목병이 나은 것과, 동도<sub>소道</sub> 안변군 서곡면 상일리 박수년 14세의 9년간 고생하던 회복통<sub>蛔腹痛</sub>이 완전히 나은 것과, 안변군 신모면 미현리 이덕보 35세의 6년 된 냉병이 아주 나은 것과, 동同 원산부 광석동 31번지 최정화의 모친 57세의 10년 동안 고생하던 흉복통胸腹痛[그 아들이 원산구세병원 약제사인 고로 좋다 하는 약은 늘 장복長服(장기복용)하였어도 낫지 아니하던 병]이 곧 완전히 나은 것과, 동同 원산부 명석동 220번지 조로득 49세의 11년 된 소화불량증과 울화병이 곧 완전히 나은 것과, 동同 111번지 장춘보 64세의 5년 동안 고생하던 현기증과 요통이 곧 완전히 나은 것과, 동同 남촌동 75번지 김성근 51세의 13년 된 요통이 완전히 나은 것과. 이와 같은 것들 외에 고침 받은 것을 다 기록할 수가 없느니라. 할렐루야, 하나님의 크게 사랑하심과 큰 권능의 영광이여. 어찌 다 찬송하리오.

이 위의 모든 것은 1921년 2월 27일에 원산교회 목사 김영제 씨가 증거하여 보낸 것이니라. (사진 20)

제20회 함흥부흥회는 기록하지 못함.

# 제10장 함경북도에까지 은혜가 미침

함경남도 함흥군에서 부흥회를 할 때에 함경북도 성진군 성진면 욱정 214번지 서명욱의 아들 성암 19세는 큰 은혜를 받았나니 이 사람은 4년 전에 소위 무도병舞蹈病(몸의 여러 근육이 뜻대로 되지 않고 저절로 심하게 움직여 마치 춤을 추는 듯한 모습이 되는 신경병)이라는 병이 들어서 말을 잘하지 못하며, 또 그 몸을 바르게 가지지 못하고 항상 떨기도 하며 이리저리 흔들기도 하여, 다른 사람들이 보기에 미친 사람 같은지라. 자기가 아무쪼록 몸을 바르게 가지고자 하나 마음대로 할 수가 없어서 유명한 의사를 청하여 치료하기에 전력하였으며, 또 믿지 아니하는 가정인 고로 귀신에게 빌며 우상을 잘 섬기면 혹 병이 나을까 하여 무녀 복술을 청하여 귀신 섬기는 일 하기에 무수한 재산을 허비하였으나 조금도 효험이 없을뿐더러 날로 더하여 할 수 없는 지경에 이르렀더니, 이때[함흥 부흥회 때]에 그 부모들은 하나님의 권능으로 병을 고치신 소문을 듣고 그 말씀을 믿는 마음으로 멀리 함흥예배당을 찾아가서 1주일간 부흥회에 참예하여 선생의 안수 기도를 받고 또한 자기들도 정성껏 기도하더니, 그때로부터 곧 병이 나아서 완전한 사람이 되었으므로 지금[1921년 3월 18일]은 그 집 온 식구가 다 하나님을 믿으며 열심으로 전도하며 주야로 쉬지 아니하고 기도한다 하더라.

 이는 1921년 3월 18일에 성진교회 목사 강학린 씨가 기록하여 보낸 것이니라.

# 이 은혜가 나타난 결과로 된 유익

1. 첫째는 이 은혜가 나타남으로 각처 교회가 많이 부흥되었는데, 이 은혜가 나타난 후로부터 오늘까지 전국 내의 수십여 처에서 선생을 청하여 부흥회 하는 곳마다 다수한 사람이 모여 신령한 은혜에 목욕하며 겸하여 수다한 병자가 고침을 받으니, 믿는 자들은 더욱 굳건한 믿음을 얻어 기도하는 힘과 성경 공부하는 힘을 한층 더 얻고 다 말하기를 "우리가 지금은 성경에 기록하여 주신 이적을 다시 눈으로 본다" 하였으며, 황해도 신천에 근경近境되는(가까운) 읍과 촌 지경에서는 믿지 아니하는 사람들이라도 말하기를, "우리가 지금은 참으로 하나님의 권능을 눈으로 보게 되었으니 어떠하든지 그 하나님을 믿지 아니할 수 없다" 하며, 교회마다 들어가 보면 스스로 믿겠노라 하며 들어오는 자 허다한데 그들은 말하기를, "우리는 우리 동네에 아무 병신이 하나님께 기도함을 받은 후에 완전히 나음을 보았는 고로 아니 믿을 수가 없어서 믿고자 하노라" 하더라.

이같이 됨으로 이때는 심히 어려운 때요, 조선의 교회

가 무쌍한 고난과 핍박을 당하는 때이지만 전국의 교회들이 큰 은혜와 위로를 얻었느니라.

2. 둘째는 성경의 진리를 더욱 깨닫게 되었나니, 각처에서 소문을 듣고 병을 고치고자 하여 모여 오는 자 수백 혹 수천이 될지라도 그중에서 과연 간절한 정성과 믿음을 가지고 그 기도하는 자의 그림자라도 한번 치이면 나으리라는 곡진曲盡한(간곡한) 사상을 가진 자라야 고침을 받는 것을 볼 때에, 성경 중 누가복음 7장 50절에 "예수가 여인더러 일러 가라사대 네 믿음이 너를 구원하였으니 평안히 가라" 하신 말씀이 더욱 깊이 깨달아지며, 앉은뱅이가 걸으며 등곱쟁이가 펴이며 반신불수가 완전하며 혈루증이 깨끗하여짐을 받은 것을 보니 성경 중에 모든 이적 행하신 말씀을 더욱 재미있게 믿게 되었도다.

이전에는 우리 일반 신자 중에라도 성경의 다른 말씀은 재미있게 공부하거니와 이적 말씀에 대하여는 특별히 재미없이 여기는 자가 많았으며, 심한 자는 성경의 이적을 다 믿지 아니하려고 여러 모양으로 특별한 해석을 하는 자도 있었도다. 그러나 이제는 우리 중에서 일개 목사의 기도함으로도 이 같은 이적을 보이시거늘, 하물며 그의 거룩하신 자가 행한 이적을 더욱 분명히 믿지 못하겠느뇨? 야고보서 5장 16~18절어, "이러므로 너희는 죄를 서로 고하고 병이 낫기를 위하여 서로 기도하라. 의인의 간구하는 것이 운동력이 많으니라. 엘리야는 우리와 같은 성정이 있는 사람이로되 저가 비가 내리지 않게 하시기를 간절히 기도한즉 땅이 3년 6개월을 비가 아니 오고, 또다시 기도한즉 하늘이 비를 내리고 열매를 내었느니라" 하였느니라.

3. 셋째는 일반 교회가 잃어버렸던 은혜를 다시 찾고 이전에 실수한 것을 깨닫게 되었나니, 마태복음 10장 1절에 "예수가 열두 제자를 부르사 더러운 귀신을 쫓으며 모든 병과 약한 것을 고치는 권능을 주시니라" 하시고, 마가복음 16장 17~18절에 "믿는 자에게는 이 같은 이적이 있어 따르리니, 나의 이름으로 너희가 사귀를 쫓으며 새로이 방언을 말하며 뱀을 잡으며 독한 것을 마시되 결단코 상함이 없으며, 병인에게 손을 안찰한즉 나으리라 하시더라" 하였다. 사도행전 4장 30절에 사도들이 "손을 펴서 병을 낫게 하옵시고 이적과 기사를 거룩한 아들 예수 이름으로 행하게 하옵소서 하더라" 하였으며, 고린도전서 12장 28절에 "하나님이 교회 중에 몇 사람을 세우셨으니 첫째는 사도요, 둘째는 선지자요, 셋째는 교사요, 그다음은 권능이요, 그다음은 병 고치는 은혜와 구제하는 것과 다스리는 것과 각 방언을 말하는 것이라" 하였다. 야고보서 5장 14~15절에, "너희 중에 병든 자가 있느냐? 저가 교회

에 장로를 청하여 주의 이름으로 기름을 받으며 위하여 기도하게 하라. 믿음으로 하는 기도는 병든 자를 구원하리니 주께서 일으킬 것이요, 저가 죄를 범하였을지라도 사하심을 얻으리라" 하였다. 그런즉 이 모든 말씀을 보면 분명히 주님이 그 제자들에게 병 고치는 권능을 허락하셨고 사도들이 이 은혜를 구하였으며 이렇게 기도하라 하였으니, 옛 시대에 교회가 꼭 이 은혜 가운데서 내려왔느니라.

그러나 근대에 교회들이 이 은혜를 잊어버리고 구하지 아니하였으며, 크게 코통으로 되어가는 실수들은 곧 교우가 병들면 하나님께 의논하기 전에 먼저 의사에게 의논하고 하나님께 기도하기 전에 약부터 찾았나, 이는 교인의 큰 실수이니라. 어떤 교우들은 병이 나서 2, 3주일이 되도록 의사에게 대증對症하고 약을 쓰기는 골몰히 하지만 교회 직분자에게는 알게도 아니하고 위하여 기도해 달라는 일이 없으며, 어떤 교역자라도 위하여 기도하기 전에 먼저 "약을 썼느냐? 의사에게 대증을 하였느냐?" 묻고 "기도하였느냐?"고 묻지 아니하며, "병이 낫는 데 약을 쓰지 아니하고 기도부터 하는 것이 무식한 일이라" 혹 "미신이라" 하는 일까지 있으니, 이는 참말 큰 실수니라.

하나님께 기도하기 전에 의사와 약부터 말함이 어찌 믿는 자의 일이라 하리요? 어찌 의사와 약을 하나님보다 더 믿고 높이는 일이 아니뇨. 의사에게 보이지 말라 함도 아니요, 약을 쓰지 말라 함도 아니지마는 의사와 약을 하나님보다 더 믿고 의지하고 높이지 말지어다. 사람을 내시는 이는 하나님이시요 의사가 아니며, 사람을 살리시는 이도 하나님이시요 약이 아니라. 이것은 참으로 이 시대가 모르는 중에 되어 가는 실수이니, 이 은혜가 나타나기 시작함으로부터 지금은 황해도 각 지방에서는 믿는 자는 물론이고 아니 믿는 자까지라도 집안에 병자가 있으면 교회의 장로와 목사를 청하여 예배하며 기도하여 주기를 바라고 청원하는 일이 하나의 풍속과 같이 되어 가느니라.

4. 넷째는 교역자들이 더욱 담대한 믿음을 얻었나니, 교회를 해롭게 하려는 이리와 같은 무리가 과학이니 철학이니 하며 실상은 철학이 무엇인지 알지도 못하는 자가 성경의 이적을 대하여 언필칭言必稱 과학적 해석이라 시대적 특별 해석이라 하며 그 믿지 아니하는 가증한 말을 토할 때에, 우리 일반 교역자들은 진실함으로 변박辯駁(옳고 그름을 가려 논박)하나 사실상 변박하기에 매우 곤란해 왔느니라. 그러나 이제 분명하고 완전한 하나님의 권능을 일개 목사에게도 나타내시니, 우리 일반 교역자들은 저희의 그 무식한 학설을 능히 힘있게 배척하겠노라. 사도행전 4장 14절에 "또 병 나은 사람이 함께 선 것을 보고 무슨 말로 힐난할

수가 없는지라" 하였으니, 저들의 그 학설이 아무리 유력하다 할지라도 우리는 눈으로 보는 실사實事(사실로 있는 일)를 믿겠노라.

# 부록

## 이적명증회 회원 씨명 氏名(성명)

황해도
- 은율읍 목사 오득인, 영수 장진근, 별기동 장로 이택주, 장의택, 누리 목사 양응수, 내동 장로 장흥국
- 안악읍 목사 양석진, 장로 현태용, 원경희
- 장연읍 목사 황인성, 태탄 조사 허간, 삼천리 영수 염창언, 은행정 목사 김정묵, 송화반장 조사 방학성, 풍해면 목사 장덕상, 장로 최홍규, 금곡 장로 서경연
- 신천읍 목사 유만섭
- 봉산군 사리원 장로 최태봉, 김병훈, 은파 목사 김현점
- 재령읍 목사 김용승, 임택권, 장로 정찬유, 최석호, 해창 목사 장홍범

# 이적명증회의 찬성원 씨명

## 제1종 사실을 기송記送(기록하여 보냄)한 자

- 황해도 송화읍 목사 김덕회, 은율군 누리 장로 임국승, 황주읍 목사 김찬근, 재령군 광탄 조사 김필선, 연백읍 목사 노시좌
- 전라남도 목포 목사 기경필, 제주 목사 김창국, 임정찬, 장로 강상서
- 경상남도 부산 목사 김현찬, 마산 목사 박정찬, 진영역 목사 김기원
- 경상북도 대구 목사 서성오, 장로 백신칠, 경산 장로 김성율
- 경기도 경성 장로 오천경
- 함경북도 성진 목사 조학린
- 함경남도 원산 목사 김영제

## 제2종 의연義捐(사회적 공익이나 자선을 위하여 돈이나 물품을 냄)으로 찬성한 자

- 경기도 경성 칠당회, 개성 이창우, 경성 김진애, 임영상, 양주 송신묵
- 황해도 황주읍 당회, 안악군 동창 표학선

## 제3종 본서를 구람購覽(구독)하기로 예허預許(미리 허락함)한 자

- 경기도

파주 김기형, 광주 이상문, 양평 한덕리, 양주 이진숙, 송신묵, 인천 진명석, 박기원, 용인 심원용, 유홍열, 영등포 김성순, 차재명, 개성 이창우, 김정훈, 박용권, 고양 이호근, 송승수, 박정훈, 경성 박승봉, 이재형, 김영철, 김태화, 김병찬, 윤노득, 이태선, 송택수, 정규환, 변태순, 김진정, 김상호, 김건식, 이계창, 최응구, 최동호, 원세성, 유창겸, 김은호, 윤근, 윤동환, 이필주, 김피득, 서상일, 한봉호, 홍병덕, 서상용, 서연우, 김성태, 윤치소, 김일선, 강순명, 송창근, 김병도, 김두섭, 정석진, 임영상, 조복경

- 황해도

해주 김경수, 봉산 임경주, 이종선, 재령 정대유, 김승염, 은율 장흥국, 이찬영, 장연 염창언, 김정묵, 이관식, 수안 김수봉, 이윤원, 평산 강월성, 송화 김수정, 강양곤, 임신환, 차승도, 정치현, 김완식, 안악 임경주, 임관목, 김희섭, 유동설, 김재준, 염도선, 강제국, 김순환, 박형곤, 이형준, 오계묵, 김태석, 임도순, 이제린, 오계헌, 김덕순, 김석준, 홍현순, 신천 조대희, 김달성, 박형순, 박석희, 김창석, 신계동, 이승우, 구응인, 이창화, 김명원, 전정직, 이배신, 배동호, 이봉서, 조능순,

김형남, 유상형, 최창덕, 김의순, 유해천, 유경화, 이종구, 최재향, 노동현, 강영주

- 평안남도
대동군 임윤선, 이석문, 중화 송국진, 용강 조진유, 평원 김영조, 진남포 이상홍, 노응원, 김병직, 원성봉, 박근영, 김석창, 백형제, 김인구, 이걸모, 서상덕, 김준홍

- 함경남도 서천 김병수
- 충청북도 청안 호중환
- 강원도 이천 김규용
- 전라남도 김상두
- 전라북도 김제 김응규
- 평안북도 초산 송윤진, 이병현, 신의주, 김득현
- 경상남도 연일 김대현, 이종석

# 사진 자료

사진 1
박달옥 사진. 17년 된 혈루증이 나은 자.

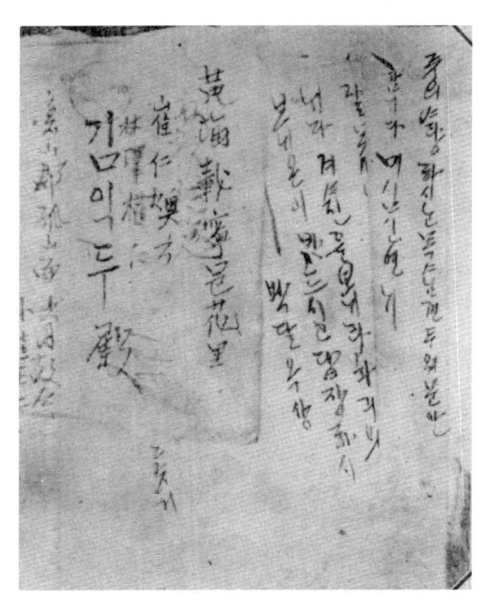

사진 2
박달옥의 감사하는 서신.

사진 3
장의덕의 사진. 3년 된 반신불수병 나은 자.

사진 4
김두수의 사진. 8년 된 앉은뱅이 일어선 것.

사진 5
오인화(54세). 허리 굽은 이가 펴짐.

사진 6
구도현(45세). 25년 탈음병이 나음.

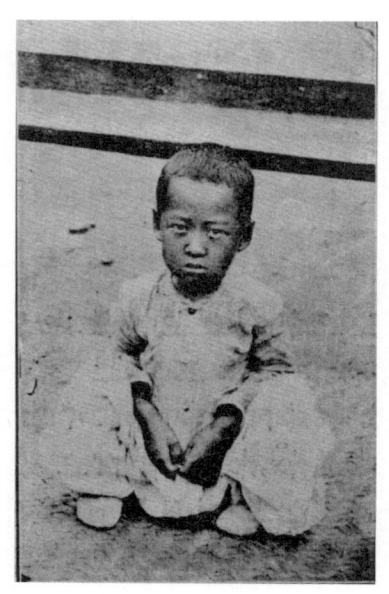

사진 7
장인수의 앉은뱅이 되었을 때의 모양.

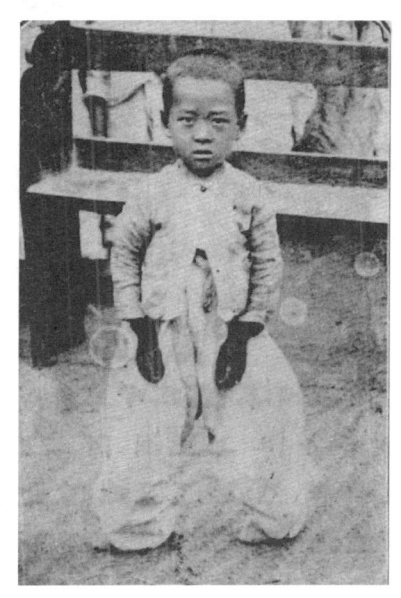

사진 8
장인수의 일어선 모양.

사진 9
월자를 모두 헌금으로 내놓고 여인들이 쪽머리를 하고 있다.
앞에 쌓아둔 것은 월자

사진 10
박형므(9세). 손선비(16세).

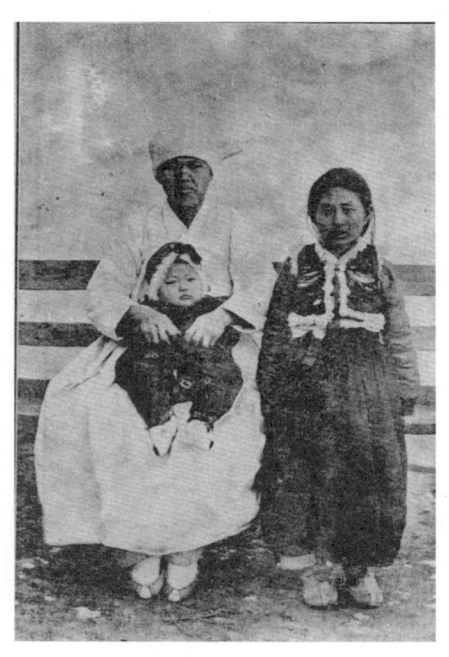

사진 11
최음전(11세). 등곱장이 펴짐.
조계숭(1세). 나면서 산증 불알이 나음.

사진 12
앞줄 왼쪽부터. 오랜 병이 나은 자. 부종병 나은 자.
치질 나은 자. 한 눈 밝아졌던 자.

사진 13
경성부흥회 제1.
숭동예배당 정원에서 청강하는 무리. 높은 곳에 선 이는 김익두 목사.

사진 14
경성부흥회 제3.
승동예배당에서 청강하는 무리.

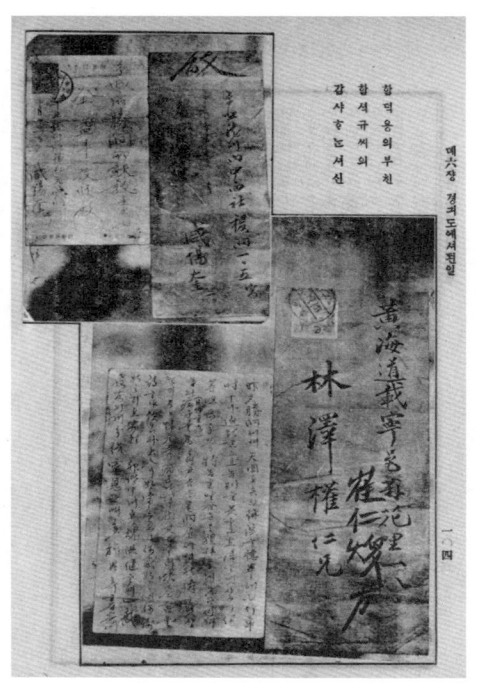

사진 15
함덕용의 부친 함석규 씨의 감사하는 서신.

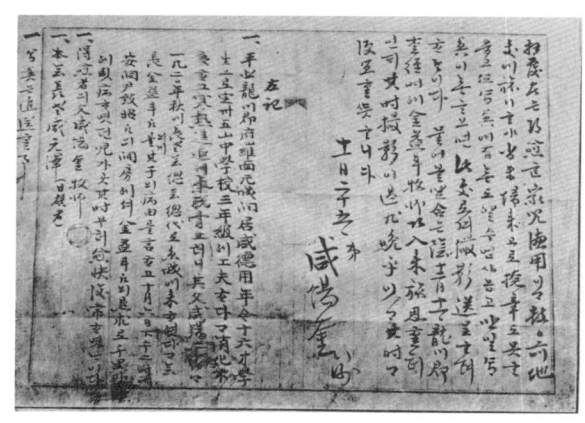

사진 16
함ᄉ규 씨의 증거하는 서신.

사진 17
평양부흥회에서 병 고침 받은 수백 명.

사진 18
목포에서 병 고침 받은 수십 명.

사진 19
가슴 구부러진 것과 바리 뻗어진 것이 완전히 나은 김학규(우).
14년 된 반신불수가 완전히 나은 양창모(좌).

사진 20
원산에서 병 고침 받은 178명의 무리.

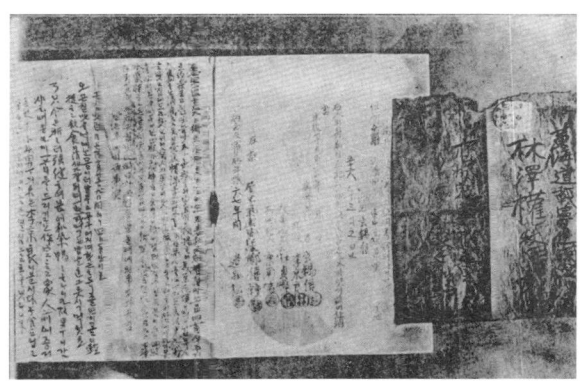

사진 21
찬성원들의 기록하여 보낸 식량지의 모양.

# 김익두 약력

1874.11.3. 황해도 안악군 대원면 평촌리에서 출생.

1880. 유서 및 선법을 공부.

1889. 과거시험에 응시하나 낙방.

1890. 상업활동 시작하나 실패.

1900. 전후 기독교로 회심함.

1900. 소안련 선교사에게 세례를 받음.

1901. 재령읍교회 전도사 부임.

1901. 황해도 신천으로 사역지를 옮겨 24년간 사역.

1906. 평양신학교 입학.

1910. 신천 새 예배당 건축. 평양신학교 3회 졸업 및 목사안수.

1920. 제9회 대한예수교장로회 총회장 선출.

1926~27. 서울 남대문교회 담임.

1935~38. 서울 승동교회 담임.

1942~45. 태평양전쟁 등으로 일선에서 후퇴함.

1946. 북한기독교연맹 가입.

1947. 이북 교회를 순례하면서 부흥회 인도.

1950.10.14. 새벽예배 후에 후퇴하는 인민군의 총탄에 의해 피격.